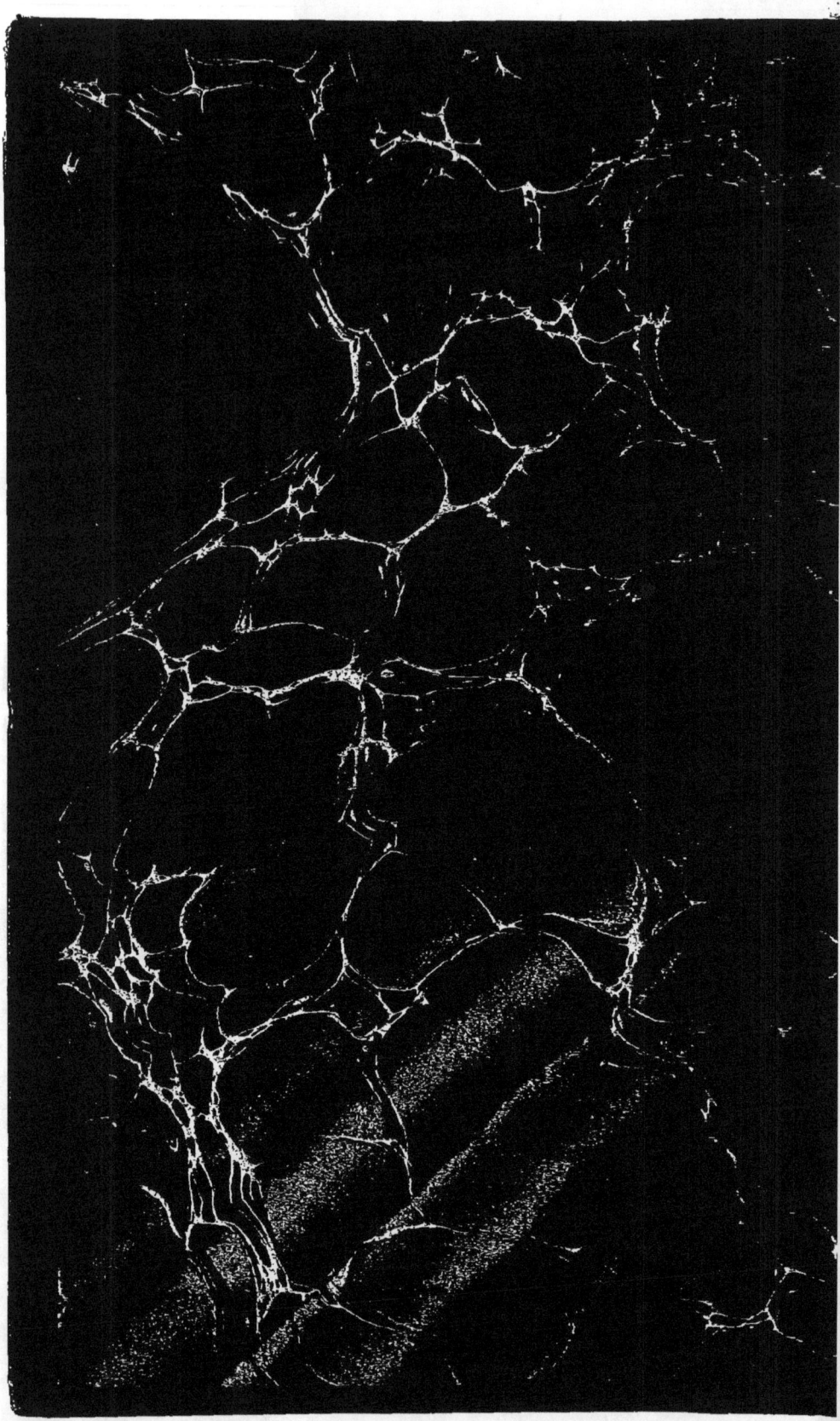

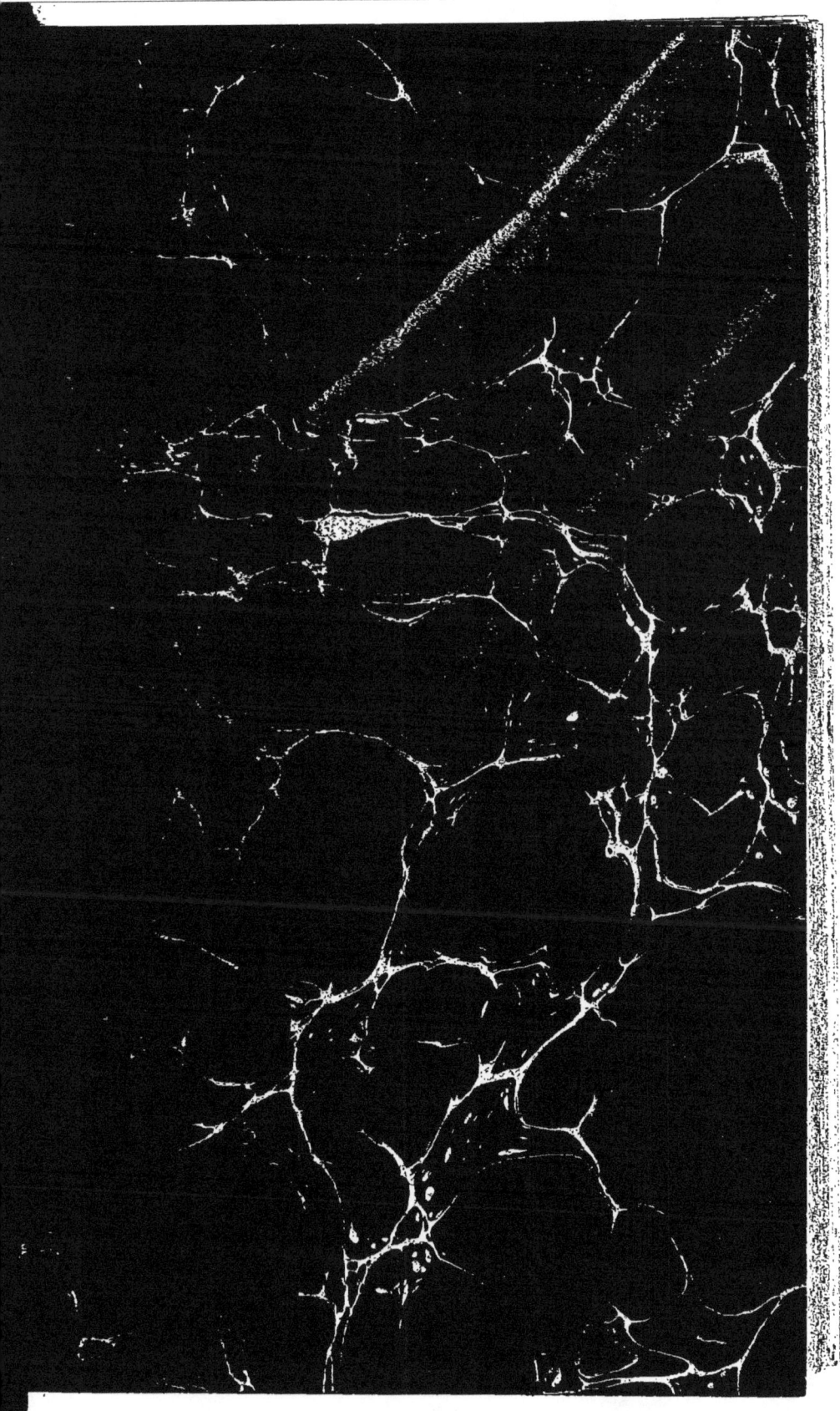

32031

LE
GLACIER ROYAL.

Paris. — Imprimerie de SCHNEIDER et LANGRAND, rue d'Erfurth, 1.

LE

GLACIER ROYAL,

OU

L'ART DE DONNER DES BALS ET SOIRÉES,

PAR BERNARDI,
OFFICIER DE BOUCHE.

Contenant les meilleures recettes
pour faire les *Glaces, Sorbets, Café, Punch, Chocolats, Thé, Marmelades, Confitures, Pâtes, Fruits à l'eau-de-vie, Sirops*, etc.; suivi de la
construction d'une glacière, d'une distribution indiquant la quantité
et l'ordre du service à faire pour recevoir depuis 25 jusqu'à
200 personnes; de menus de desserts de Déjeuners,
Dîners et Soupers pour les quatre saisons;
orné de *Six Planches* gravées pour le
service des desserts, et les
ustensiles nécessaires à
la confection des
glaces.

Ouvrage entièrement neuf,

*Utile aux gens du monde, et indispensable aux limonadiers, restaurateurs,
confiseurs, maîtres d'hôtel, épiciers,* etc.

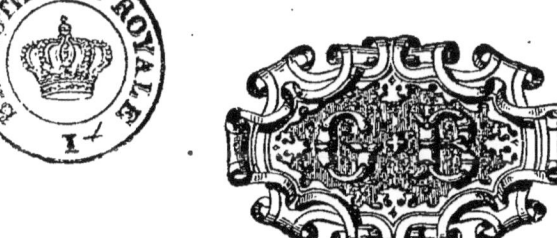

PARIS,
GUSTAVE BARBA, ÉDITEUR,
RUE MAZARINE, 34.

1844

AVANT-PROPOS.

A mesure que les arts et les sciences se perfectionnent, à mesure que leur horizon s'agrandit, ils donnent naissance aux spécialités. Ainsi la médecine s'est fractionnée en catégories, dont chacune traite une des nombreuses maladies qui nous assiégent ; ainsi les peintres choisissent chacun un genre qu'ils cultivent à l'exclusion de tous les autres ; ainsi les gens de lettres se partagent en auteurs dramatiques, romanciers, critiques, poëtes, etc. L'art culinaire a de même ses divisions et ses subdivisions. Il est des officiers de bouche qui s'adonnent particulièrement à l'assaisonnement des viandes ; d'autres qui négligent les ragoûts pour s'occuper de la pâtisserie ;

d'autres enfin qui étudient uniquement l'art du confiseur, ou celui du glacier.

Ce dernier n'a jamais été l'objet d'un traité complet, et ce n'est pas cependant l'une des branches les moins importantes de la cuisine, à cette époque surtout, où le luxe a pénétré dans toutes les classes, où les bals, les soirées, les réunions, les banquets, se succèdent en abondance. Vous rassemblez dans votre salon une société choisie, qui vous indiquera les moyens de lui préparer des rafraîchissements aussi agréables que salutaires? Où trouverez-vous des recettes précises, claires, d'exécution facile, pour les sorbets, les glaces, le punch, les sirops, les liqueurs fraîches ou spiritueuses de toute espèce? En admettant que vous aimiez la solitude, que vous n'ayez point de soirée à donner, est-il un livre convenablement rédigé qui puisse vous indiquer les moyens de préparer le café, le chocolat, les bavaroises, les pâtes de fruits, les marmelades, les compotes, et tant d'autres mets ou boissons qui dépendent de l'art du glacier?

L'ouvrage que nous offrons au public comble une lacune évidente à toutes les maîtresses de maison. Rédigé par un homme compétent, qui joint la pratique à la théorie, il renferme une collection de recettes qui peuvent être facilement mises en usage par les particuliers. Il est loisible à tous, avec l'aide du Glacier royal, de clarifier le sucre, et d'en apprécier d'une manière certaine les différents degrés de cuisson. Les indications de M. Bernardi sont tellement nettes, qu'en les suivant on arrivera sans peine à préparer les glaces, les biscuits glacés, les mousses, les sirops, les fruits fins, le petit four, les compotes, crèmes, blancs-mangers chauds et froids, gelées, charlottes, fruits au sucre et à l'eau-de-vie, etc., etc. Ce volume n'est pas moins utile pour ceux qui veulent pratiquer, en grand ou en petit, la distillation des eaux odoriférantes, la rectification de l'esprit-de-vin, la confection des ratafias et des liqueurs de table. Il enseigne également les saisons où les meilleurs fruits paraissent et la manière de les conserver. Grâce au Glacier royal, les maîtres et maîtresses de maison feront chez eux, à peu de frais, ce qu'ils achetaient très-cher au dehors.

Les limonadiers et confiseurs consulteront avec fruit cette publication ; les règles posées par leur habile confrère sont propres à fixer leurs indécisions, à les guider sûrement, à les mettre à même de satisfaire la juste attente des consommateurs.

On trouvera à la fin de l'ouvrage des menus de desserts, depuis seize jusqu'à soixante couverts, et de rafraîchissements pour soirées, depuis vingt-cinq jusqu'à deux cents personnes. Il suffit, d'ailleurs, de lire notre table des matières pour se convaincre que le Glacier royal, complément indispensable du Cuisinier royal, est également utile aux hommes spéciaux qui s'occupent sérieusement de leur profession, et aux gens du monde qui tiennent à recevoir d'une manière confortable.

CONSTRUCTION D'UNE GLACIÈRE

DANS UNE CAVE.

On choisit, dans la cave, un endroit à l'abri des courants d'air, et qui ne soit pas en face de la porte d'entrée ; puis on creuse une fosse en terre, à côté du mur principal de la cave. Cette fosse doit avoir trente centimètres de profondeur ; on lui donne la forme d'un demi-cercle, et sa largeur et sa circonférence dépendent de la quantité de glace qu'elle doit contenir. Au milieu de la fosse, on creuse un trou rond ou carré, susceptible de contenir un ou deux seaux d'eau, et destiné à recevoir l'eau qui coule de la glace, et que la terre absorbe à mesure. Ce trou prend le nom de puits mort. On élève autour des parois de la fosse un mur de dix ou douze centimètres d'épaisseur, et un mètre de hauteur au-dessus du niveau du sol ; à cette hauteur, on arrondit le mur vers le centre de la fosse, de manière à former une espèce de voûte ou coupole. On ménage une ouverture en forme de croisée, qui permet de placer la glace dans la fosse et de la retirer au besoin. Cette ouverture, qui prend naissance à un mètre de terre, doit avoir cinquante-cinq à soixante centimètres de largeur et autant de hauteur, on la ferme par une épaisse porte de bois, et on en couvre le pourtour de gros rouleaux de paille de seigle pour empêcher l'air de pénétrer. Ce travail étant terminé, on couvre le fond de la fosse de solives, en les plaçant à deux centimètres de distance l'une de l'autre. Ces solives doivent avoir la largeur de la fosse, pour que chaque bout touche le mur. On met dessus une couche de branches de bouleau de trois centimètres d'épaisseur, de sorte que le trou central se trouve tout à fait recouvert par les solives et les branches de bouleau.

On peut aussi construire cette petite glacière sans l'appuyer contre le mur de la cave, en lui donnant alors la forme circulaire, celle d'un puits. La glace que l'on place dans cette glacière se garde mieux et plus longtemps que dans les glacières ordinaires des limonadiers.

La neige se conserve mieux que la glace. Il faut la recueillir bien propre, la tasser avec un pilon de bois, et remplir la glacière jusqu'au niveau de la croisée. On met un morceau de drap ou de serge autour de la porte de la croisée; on la ferme et on ne l'ouvre qu'au besoin.

La glace doit être pilée aussi fin que du sable; on la tasse, comme la neige, avec un pilon de bois.

LE
GLACIER ROYAL.

I

DU CAFÉ, DU CHOCOLAT, ET DES BAVAROISES.

L'origine du café est trop connue pour que nous en fassions la description. Il nous suffit d'indiquer les moyens de le préparer en boisson, et les qualités de café qu'on doit préférer.

Le meilleur café est le moka, mais cette espèce est excessivement rare. Le café qu'on vend sous ce nom dans le commerce est récolté dans tout le Levant, le territoire même de Moka n'en fournissant qu'une quantité très-minime.

Après le moka, viennent le bourbon, le cayenne, le porto-rico, et le martinique. Les limonadiers considèrent cette dernière espèce comme la meilleure de toutes ; mais elle a une certaine âcreté, qu'on lui fait perdre en la mélangeant avec du moka, du bourbon ou du cayenne.

Pour préparer du bon café, prenez un tiers de martinique, et deux tiers de moka, ou deux tiers de cayenne ; faites torréfier chaque espèce séparément, puis mêlez-les bien ensemble; conservez-les en caisse pour les moudre au fur et à mesure de vos besoins. On peut mêler deux tiers de martinique et un tiers de moka ou de bourbon.

TORRÉFACTION DU CAFÉ.

On met les grains de café dans le tambour ou *brûloir*, de manière à ne pas dépasser le milieu de la broche qui le traverse. On ferme le tambour, on le place sur le fourneau allumé, on le tourne de droite à gauche, sans s'interrompre, jusqu'à ce que le café commence à fumer. Alors on retire le tambour du feu; on secoue fortement le café pendant quelques minutes, et on remet le tambour sur le fourneau. Aussitôt que la fumée s'épaissit, et que la pellicule des grains se détache, on retire le tambour, pour agiter de nouveau le café. Quand on le voit de couleur marron clair, on le verse dans un van, et on le vanne à l'air libre. Si toutes les pellicules n'étaient pas enlevées avec soin, elles communiqueraient au café une odeur désagréable de brûlé.

Lorsque les grains sont presque froids, on les dispose dans une boîte destinée à cet usage, et on les place à l'abri de l'humidité, pour s'en servir au besoin.

Pour que tous les grains soient torréfiés également, on doit remuer le café le plus souvent possible en retirant le tambour du feu de temps en temps.

Le moka, le cayenne, ou le bourbon exigent un moindre degré de torréfaction que le martinique.

MANIÈRE DE PRÉPARER LE CAFÉ EN BOISSON SUIVANT LA MÉTHODE DES LIMONADIERS.

Lorsqu'un limonadier prépare le café pour le débit de la journée, il se sert de *thé levé* au lieu d'eau. Pour obtenir du *thé levé*, on fait bouillir le marc du café de la veille; on verse dessus de l'eau bouillante ou froide, en quantité suffisante pour que la cafetière soit presque pleine. On la couvre, et on la retire après cinq ou six bouillons. Après avoir achevé de remplir la cafetière avec de l'eau froide, on laisse déposer le marc : le liquide clair qui est au-dessus, et qu'on soutire par inclination, est ce qu'on appelle du *thé levé*.

Quand on a jeté le marc et essuyé la cafetière, on y met du café moulu, à raison d'un demi-kilogramme pour trente demi-tasses de *thé levé*, avec un peu de colle de poisson. On verse dessus le thé levé; on remue le tout avec une cuiller; l'on couvre la cafetière de son couvercle, et on la pose sur un feu vif. Aussitôt que le café entre en ébullition, on retire la cafetière, on dégorge le goulot en versant dans un vase un peu de café, qu'on remet ensuite dans la cafetière. On achève de la remplir avec du *thé levé*, de l'eau, ou du café de la veille; mais, dans ce dernier cas, il faut employer moins de café en poudre. On laisse déposer le café, et quand il est bien clair, on le fait chauffer au bain-marie, pour le servir.

Telle est la méthode adoptée par presque tous les limonadiers de l'Europe, et même du monde entier. Elle exige de l'habitude et de l'expérience, et c'est avec regret que nous en voyons l'exécution confiée à des jeunes gens à la fois étrangers à la théorie et à la pratique.

Ainsi, pour obtenir de bon café en boisson, on doit observer les règles suivantes :

1° Torréfier le café au degré convenable ;

2° Ne moudre le café qu'au moment où on va le préparer en boisson ;

3° Employer, au lieu de cafetières de fer-blanc, des cafetières de cuivre rouge bien étamées en dedans et en dehors ;

4° Entretenir les cafetières bien propres et bien essuyées ;

5° Mettre le café moulu dans la cafetière avec très-peu de colle de poisson ; verser le thé levé pardessus jusqu'aux trois quarts et demi de la cafetière ; remuer le tout avec une cuiller spécialement destinée à cet usage ; couvrir la cafetière, et l'exposer sur un feu clair.

6° Lorsque le café entre en ébullition, le retirer immédiatement ; remplir la cafetière avec du thé levé nouveau, ou avec de l'eau claire, mais jamais avec de vieux café ;

7° Ne pas faire bouillir le café quand on le fait réchauffer pour le servir ;

8° Tenir toujours la cafetière hermétiquement bouchée, afin qu'il ne se fasse aucune évaporation ;

9° Ne point laisser le café séjourner, après qu'il est fait, dans la cafetière ou sur son marc ; mais le soutirer, dès qu'il est clair, dans un vase de faïence, qu'on tient hermétiquement bouché ;

10° Prendre, pour en retirer le thé levé, du marc

de la veille, que l'on garde du jour au lendemain, non pas dans la cafetière, mais dans un vase hermétiquement bouché;

11º Retirer le marc au premier bouillon, après l'avoir mis sur le feu ;

12º Remplir la cafetière avec de l'eau claire, et non avec du vieux *thé levé ;*

13º Veiller à ce que le *thé levé* soit clair et limpide.

MÉTHODE HOLLANDAISE POUR PRÉPARER LE CAFÉ EN BOISSON.

En suivant la méthode usitée en Hollande, on obtient le café par infusion.

Les cafetières hollandaises sont en cuivre rouge, étamées intérieurement et extérieurement et munies d'un filtre de laine blanche, de forme conique. Il y en a aussi en fer-blanc; mais elles noircissent le café, et lui communiquent une âcreté désagréable. Lorsqu'on se sert de ces dernières, il faut avoir soin de verser immédiatement le café dans un vase de faïence.

Cette méthode est celle qui conserve le mieux l'arome du café, quand il est de bonne qualité et brûlé à point.

Prenez 250 grammes de café récemment torréfié ; broyez-le dans un moulin; mettez-le dans le filtre de la cafetière; versez dessus la valeur de douze demi-tasses d'eau bouillante. Couvrez la cafetière de son couvercle, et servez le café aussitôt qu'il aura passé. S'il n'est pas assez chaud, faites-le chauffer au bain-marie.

Si la cafetière n'est pas assez grande pour contenir à la fois les douze demi-tasses, versez l'eau à plusieurs reprises, mais toujours bouillante.

MANIÈRE DE PRÉPARER LE CHOCOLAT.

Il serait superflu de décrire ici les procédés de la fabrication du chocolat qui exige des appareils spéciaux. Nous nous contenterons d'indiquer les divers moyens de préparer les tablettes en boisson.

CHOCOLAT A L'EAU.

Pour six tasses de chocolat, mettez six tasses d'eau dans la chocolatière. Quand l'eau bouillira, mettez-y six tablettes de dix à la livre, coupées en petits morceaux ; placez le moussoir dans la chocolatière, et remuez jusqu'à ce que le chocolat soit entièrement fondu. Faites bouillir pendant trois ou quatre minutes, et servez.

CHOCOLAT A LA CRÈME.

Faites de même que ci-dessus, en substituant la crème à l'eau. Choisissez des tablettes de chocolat à la vanille, de quatorze à la livre.

BAVAROISES A L'EAU.

Versez dans un verre un tiers de sirop de capillaire, et achevez de remplir avec de l'eau bouillante, en y ajoutant un peu d'eau de fleur d'orange.

On peut remplacer l'eau par du thé, dans lequel

on fait infuser préalablement quelques zestes de citron ou de bigarade.

BAVAROISES AU LAIT.

Versez dans un verre un tiers de sirop de capillaire; ajoutez-y une cuillerée à café d'eau de fleur d'orange; achevez de remplir avec du lait bouillant.

BAVAROISES AU LAIT D'AMANDE.

Remplacez le sirop de capillaire par du sirop d'orgeat, qui donne à la boisson plus de consistance et un goût plus agréable.

BAVAROISES A L'ITALIENNE.

Mettez deux cuillerées à café de sucre en poudre dans un verre; versez par-dessus du café à l'eau jusqu'à moitié; achevez de remplir avec du chocolat à l'eau; ajoutez un peu de cannelle en poudre, et servez chaud.

BAVAROISES MEXICAINES.

Versez dans un verre trois cuillerées à café de sucre en poudre, et un jaune d'œuf, remuez avec une petite cuiller jusqu'à ce que le jaune d'œuf soit légèrement blanchi. Ajoutez un petit verre de bon rhum; remplissez avec du lait bouillant que vous versez lentement, en remuant toujours l'œuf, le sucre et le rhum; servez bouillant.

BAVAROISES AU CHOCOLAT.

Vous mettrez dans une chocolatière autant de

verres de lait bouilli et tablettes de chocolat (de quatorze à la livre), que vous voudrez avoir de bavaroises. Vous ferez fondre le chocolat au bain-marie ou sur le coin du fourneau, sans faire bouillir, en remuant le tout avec le moussoir.

Vous mettrez ensuite une cuillerée à bouche de sirop de sucre dans chaque verre; vous verserez votre bavaroise par-dessus, et servirez bien chaud.

AUTRE RECETTE.

Versez dans un verre à pied deux cuillerées à bouche de sirop de sucre, ajoutez du lait bouilli jusqu'aux deux tiers du verre, et achevez de le remplir avec du chocolat à l'eau.

II

DU SUCRE, DE SES CUISSONS, ET DE L'EMPLOI DU PÈSE-SIROP.

Le pèse-sirop (1) est indispensable quand on veut apprécier le degré de cuisson du sucre, servant à la préparation des sirops, des liqueurs, des glaces, des boissons fraîches, etc. Il s'emploie dans tous les travaux d'office dont ce chapitre contiendra la description.

Après avoir clarifié le sucre, on retire la bassine du feu. Aussitôt que les bouillons ont cessé, et que la surface du sucre est tranquille, on souffle l'écume qui s'étend dessus comme une mince pellicule, on pose le pèse-sirop à la surface du liquide, et on le laisse descendre de lui-même; car, si on l'enfonçait au delà du degré que le sucre doit donner, la partie supérieure de l'instrument s'imprégnerait de sucre qui le rendrait plus lourd. Il faut aussi laver et essuyer le pèse-sirop chaque fois qu'on s'en sert, pour que l'augmentation de son poids ne trompe point sur le degré.

Si le pèse-sirop indiquait un degré supérieur à celui que l'on désire, on décuirait le sucre en y ajoutant un peu d'eau, et lui faisant donner quelques bouillons. Si le degré était inférieur, on continuerait à faire bouillir le sucre.

---

(1) Les meilleurs pèse-sirop se trouvent chez l'ingénieur Chevallier, opticien du roi, place du Pont-Neuf, 15.

Quand on veut connaître jusqu'à quel degré l'on doit sucrer les glaces aux fruits, les limonades, les liqueurs fraîches en général, le punch, le vin chaud, le bischoff, etc., on plonge le pèse-sirop dans la liqueur. S'il y descend jusqu'au degré qu'on trouvera prescrit dans les recettes suivantes, la préparation est bonne à servir ou à faire glacer. S'il marque un degré inférieur, il importe d'ajouter du sirop de sucre. Si le degré est supérieur, on substitue de l'eau au sirop. Dans le cas où il s'agit de fruits rouges à glacer, groseilles, framboises, cerises, etc., on doit mêler du jus de fruits avec de l'eau.

CHOIX DU SUCRE POUR L'OFFICE.

Le sucre qu'on emploie pour le travail de l'office doit être bien raffiné, très-blanc, et d'une granulation égale. On rejettera les sucres avariés, qui auront souffert de l'humidité, qui tomberont en poudre, seront mal raffinés, d'une couleur jaunâtre et d'une saveur équivoque. Les cassonades, eu égard au déchet qu'elles éprouvent en se clarifiant, coûtent aussi cher que le meilleur sucre, se clarifient plus difficilement, et présentent de graves inconvénients dans leur *emploi*.

CLARIFICATION DU SUCRE.

Pour vingt-cinq livres de sucre, prenez trois blancs d'œufs; mettez-les dans une bassine avec une pinte d'eau de fontaine; délayez-les bien avec un petit balai d'osier, et ajoutez dix-neuf pintes d'eau de fontaine. Retirez-en une pinte, que vous garderez à part, pour vous en servir lorsque le sucre sera en ébullition. Concassez votre sucre; mettez-le dans la bassine; posez la bassine sur le feu, et, quand le sucre commence à bouillir, jetez un peu d'eau de la pinte que vous avez mise en réserve. Écumez, et quand le sucre est sur le point de bouillir de nouveau, jetez encore de l'eau de la pinte. Continuez à écumer, et achevez de jeter votre eau dès que vous apercevrez de nouveaux bouillons. Diminuez le feu, et faites aller le sucre à petits bouillons; jettez-y un demi-verre d'eau claire, et continuez à écumer, jusqu'à ce qu'il ne reste qu'une légère écume blanche. Retirez alors du feu, et passez à travers une chausse.

AUTRE MÉTHODE PLUS ÉCONOMIQUE.

S'il s'agit de clarifier quatre livres de sucre, vous mettrez trois pintes et demie d'eau de fontaine dans un poêlon d'office. Vous y délayerez la moitié d'un blanc d'œuf, et ajouterez vos quatre livres de sucre concassé. Aussitôt que le sucre, mis sur le feu, entrera en ébullition, vous retirerez le poêlon, et écumerez. Vous mettrez l'écume sur un tamis, avec une assiette par-dessous, pour recevoir le sucre qui tombera. Après avoir bien écumé le sucre, vous le remettez sur le feu, pour lui faire donner un bouillon; vous le retirerez, l'écumerez, et le passerez à travers une chausse ou un linge bien serré. Vous passerez aussi le sucre qui sera tombé de l'écume, et vous le mêlerez avec votre sirop.

Le sucre, préparé de cette manière, se trouvera clarifié et cuit au *petit lissé*.

MANIÈRE DE CLARIFIER LE SUCRE, ET DE LUI DONNER LE DEGRÉ DU GRAND LISSÉ, DÈS QU'IL EST ÉCUMÉ.

Le *grand lissé*, qu'on nomme aussi *cuisson à la nappe*, est la cuisson du sirop ordinaire. Mettez quatre livres de sucre raffiné et concassé dans un poêlon d'office ; versez par-dessus deux pintes d'eau de fontaine, dans lesquelles vous avez délayé la moitié d'un blanc d'œuf, et posez votre poêlon sur le feu ; retirez-le au premier bouillon ; écumez et procédez comme ci-dessus.

En mettant une demi-pinte d'eau par livre de sucre, on obtient du sirop à trente-deux degrés et demi.

CUISSON DU SUCRE AU PETIT ET GRAND LISSÉ.

Quand vous avez clarifié le sucre, mettez-le sur le feu, et faites-le bouillir jusqu'à ce qu'il forme, entre les doigts, un petit fil qui, en se rompant, laisse une goutte à chacun d'eux.

La cuisson *au petit lissé* doit donner, au pèse-sirop, 26 degrés quand le sucre est chaud, et 31 degrés quand il est froid.

En continuant l'ébullition, au bout de quelques minutes on trempe de nouveau le doigt dans le sucre ; si le fil s'allonge plus que le précédent, la cuisson est *à la nappe* ou *au grand lissé*. Elle doit donner, au pèse-sirop, 32 degrés chaud, et 37 degrés froid.

SUCRE AU PETIT ET GRAND PERLÉ.

Le sucre au *petit perlé* forme au bout des doigts

un fil plus consistant que les précédentes cuissons ; il doit donner au pèse-sirop 34 degrés quand il est chaud, et 39 quand il est refroidi.

Au *grand perlé*, le sucre forme un fil plus consistant encore, et le bouillon s'arrondit en grosses perles. Cette cuisson doit indiquer au pèse-sirop 38 degrés quand le sucre est chaud, et 0 quand il est froid.

SUCRE A LA PETITE ET GRANDE QUEUE DE COCHON.

On obtient ces cuissons, si bizarrement désignées, en donnant au sucre un ou deux bouillons de plus. Le sucre, pris avec l'écumoire, doit former une paille pareille à une queue de porc. La première cuisson, éprouvée par le pèse-sirop, marque 39 degrés étant chaude, et 0 étant froide ; la seconde donne 40 degrés chaude, et 0 froide.

SUCRE AU SOUFFLÉ, A LA PETITE PLUME ET AU PETIT BOULÉ.

Il n'y a pas un quart de degré de différence entre ces trois cuissons ; quand le sucre a donné quelques bouillons de plus que dans les cuissons précédentes, on y plonge l'écumoire, ou souffle dans les trous à travers desquels il doit sortir des jets formant de petites boules plus ou moins allongées.

Mais pour mieux s'assurer de cette cuisson, on y plonge le pèse-sirop (Voyez *Emploi du pèse-sirop*), elle doit marquer 41 degrés le sucre étant chaud, et 0 étant froid.

SUCRE A LA GRANDE PLUME ET AU GRAND BOULÉ.

Dans ces cuissons, les bulles qu'on produit en soufflant à travers les trous de l'écumoire sont plus grosses que dans la recette précédente, et l'on prend un peu de sucre entre les doigts pour en former une boule; elle devient, en se refroidissant, plus ferme que si le sucre était au *petit boulé*. Ces cuissons doivent donner 43 degrés étant chaudes, et 0 étant froides.

SUCRE AU CASSÉ.

Vous continuez l'ébullition ; vous trempez le doigt dans le sucre, et mettez tout de suite votre doigt dans l'eau froide. Si le sucre que vous avez pris se casse, vous aurez obtenu la cuisson *au cassé*, qui marque au pèse-sirop 48 degrés.

SUCRE AU CARAMEL.

Cette cuisson donne un degré ou un degré et demi de plus que la précédente.

III

DES COULEURS.

COULEUR ROUGE, COCHENILLE PRÉPARÉE.

Le carmin s'achète tout préparé. Pour obtenir une couleur rouge, vous prenez une demi-once de cochenille et quinze grains d'alun de glace; vous pilez le tout dans un mortier, et, lorsque la poussière est bien fine, vous versez dessus un verre d'eau bouillante; vous remuez promptement avec le pilon afin d'obtenir un mélange parfait; vous filtrez au papier gris et mettez la couleur en bouteille pour vous en servir au besoin.

COULEUR BLEUE.

Frottez une pierre d'indigo sur une assiette, en mouillant au fur et à mesure avec un peu d'eau chaude, jusqu'à ce que l'eau soit assez colorée pour être employée.

COULEUR JAUNE.

Faire sécher au soleil des étamines de lis, les réduire en poudre fine et les délayer avec un peu d'eau.

On peut aussi faire infuser du safran dans de l'eau tiède, ou frotter un morceau de gomme-gutte sur une assiette, en la mouillant avec un peu d'eau chaude.

COULEUR VERTE.

Prenez deux fortes poignées d'épinards ou de poirée; épluchez-les et lavez-les bien; pilez-les dans un mortier de marbre, et exprimez-en le jus en les pressant fortement dans un linge. Mettez ce jus dans une casserole, sur un feu vif; retirez-le quand il sera sur le point de bouillir, et versez-le sur un tamis : la matière colorante restera sur le tamis. Ajoutez-y un peu de sucre en poudre, et mettez la couleur en bouteille pour vous en servir au besoin.

On obtient une belle couleur verte en mêlant, par parties égales, le bleu et le jaune dont nous avons donné les recettes.

IV

DES GLACES.

OBSERVATIONS SUR LA CONGÉLATION DES GLACES, SORBETS ET GRAMOLATES.

L'exécution des différentes recettes que nous allons indiquer exige certaines précautions indispensables. Le laboratoire doit être frais et sec, sans courants d'air : l'humidité et la trop grande aération font fondre la glace qui entoure la sorbetière; le salpêtre, par son propre poids, tombe au fond du seau, de sorte que la température du mélange de glace et de salpêtre s'élève sensiblement. Alors la composition placée dans la sorbetière se liquéfie et n'a plus le degré de froid requis ; on se trouve dans la nécessité de laisser écouler l'eau du seau, et de regarnir la sorbetière de glace et de salpêtre pour accélérer la congélation.

Il faut employer du salpêtre brut, c'est-à-dire de la première cuite. Le salpêtre raffiné est dépouillé de ses parties salines, et n'a plus la force nécessaire pour entretenir une température suffisamment basse. Il fait aussi fondre la glace plus rapidement. Le salpêtre brut de la première cuite est facile à reconnaître ; le grain est plus gros, plus dur et plus foncé que celui du salpêtre raffiné. A défaut de salpêtre, on peut se servir de sel gris de cuisine, en ayant soin de le choisir bien sec.

Le temps influe considérablement sur la congélation des glaces, sorbets et gramolates. Quand il est humide, nébuleux, pluvieux ou orageux, les compositions se congèlent plus difficilement, et la glace fond plus vite. Dans ce cas, il faut la piler moins fine, se hâter de sangler la sorbetière, la tourner aussitôt, détacher la composition moins souvent et n'abandonner la sorbetière que lorsque les glaces sont entièrement perfectionnées. Si on la quittait seulement dix minutes, la composition se liquéfierait malgré le mélange de glace et de salpêtre qui l'entoure, et le travail serait à recommencer.

Si au contraire le temps est beau, froid ou chaud, mais sec, la glace fond moins, et la composition prend plus vite, avec moins de glace et de salpêtre. Dans ce cas, on pile la glace plus fine ; on tourne la sorbetière fortement ; en enfonçant plus souvent la glace à l'entour, pour qu'elle se mette en eau au fond du vase. Suivez surtout cette recommandation en hiver, lorsque le temps est à la gelée ; car si la glace ne se liquéfiait pas, la congélation du contenu de la sorbetière n'aurait pas lieu.

Quand on prépare les glaces aux fruits, on doit modifier les recettes ci-dessus, suivant certaines circonstances, comme le plus ou moins de maturité ou de grosseur des fruits employés. Il y a, par exemple, des petits citrons qui ont le suc doux et agréable, d'autres ont un suc aigre et amer ; alors il est essentiel d'exprimer avec ménagement et à petite dose. Quant au degré de sucre indiqué pour chaque composition, on aurait tort de l'augmenter ou de le diminuer.

La crème de Paris est presque toujours falsifiée, épaissie par des fécules, colorée avec du caramel, rendue écumeuse par un mélange de blancs d'œufs battus. Il en résulte qu'on a rarement à Paris des glaces à la crème exemptes de granulations. Si l'on n'avait point de bonne crème, il faudrait y substituer du lait chaud, c'est-à-dire tout fraîchement tiré et non écrémé; mais alors on ajouterait un jaune d'œuf et une once de sucre de plus par pinte.

La quantité d'œufs à employer peut encore varier suivant leur grosseur.

Les sorbets diffèrent des glaces en ce qu'ils sont moins sucrés et qu'ils contiennent un cinquième de liqueurs alcooliques. Le Dictionnaire de l'Académie donne du sorbet une définition défectueuse. « Sorbets, composition de citron, de sucre, d'ambre, etc.; breuvage qu'on en fait en les mêlant avec de l'eau; jus sucré de fruits frais avec de l'eau. » Les sorbets nous sont venus de l'Orient, et ils étaient connus dès le quatorzième siècle. A cette époque, on ignorait la manière de congeler toute espèce de liqueurs fluides à l'aide de la glace et du salpêtre; on n'avait pas songé non plus à conserver de la glace toute l'année. On faisait un mélange d'eau, de sucs de fruits et de suc de canne, et l'on plaçait cette composition dans des cruches de grès, qu'on enveloppait d'une étoffe de laine mouillée. On les exposait à un courant d'air pendant deux ou trois heures, et au bout de ce temps le liquide était suffisamment refroidi pour offrir une boisson agréable et rafraîchissante, à laquelle on ajoutait parfois de l'esprit-de-vin. Les Italiens, qui introduisirent les sorbets en Europe, confondirent tous les genres de glaces sous cette dénomination. Mais depuis un demi-siècle, plusieurs officiers de bouche italiens ont établi une distinction entre les glaces et les sorbets.

En travaillant les sorbets, il importe de suivre à la lettre les recettes que nous allons nécessairement présenter, et de ne jamais mêler la liqueur spiritueuse avec la composition, avant d'avoir fait glacer; sans cela, les sorbets seraient insipides et remplis de glaçons.

Les gramolates sont aussi communes en Italie, principalement en Toscane, que les glaces le sont à Paris. Elles ont été inventées en Toscane, il y a une vingtaine d'années. Quand l'hiver n'a pas été rigoureux en ce pays, la glace est très-rare pendant les grandes chaleurs, et comme la préparation des gramolates exige moins de glace et de salpêtre que celle des glaces, elle est préférée à tout autre rafraîchissement.

Les gramolates demandent beaucoup de soin. Il est bon qu'elles soient un peu grenues, sans être trop prises. Elles sont mauvaises quand les molécules acquièrent trop de consistance, et se forment en glaçons.

CONGÉLATION DES GLACES.

Avant de traiter de chaque espèce de glace en particulier, il importe d'indiquer le procédé général de congélation et les ustensiles nécessaires.

Prenez une sorbetière en étain et non en ferblanc; versez-y la préparation que vous voulez glacer, et couvrez la sorbetière de son couvercle; prenez un seau en bois de chêne de trois pouces plus haut et de deux pouces plus large que la sorbetière. Ce seau doit être, à sa partie inférieure, à un pouce du fond, percé d'un trou qu'on bouche avec une bonde et qu'on débouche pour faire écouler l'eau à volonté. Prenez un morceau de glace que vous arrondirez, et mettez-le au fond du seau; jetez par-dessus une pelletée de glace pilée, tassez-la avec un pilon, et ajoutez une forte poignée de salpêtre; posez dessus la sorbetière et entourez-la de couches alternatives de glace pilée et de salpêtre, jusqu'à ce que le seau soit plein. Tournez ensuite la sorbetière rapidement de droite à gauche, en tassant la glace de temps en temps. Ajoutez aussi des couches de glace et de salpêtre, de sorte que le seau soit toujours plein, et tournez la sorbetière pendant dix minutes. Au bout de ce temps, découvrez la sorbetière; détachez, avec une spatule, la partie glacée qui s'est formée à la circonférence intérieure; ramenez-la au centre, et couvrez la sorbetière de son couvercle; tournez avec rapidité comme auparavant; découvrez au bout de cinq minutes pour détacher de nouveau les parties glacées; tournez encore durant quelques minutes; travaillez la composition avec la spatule en faisant glisser cet instrument depuis les bords jusqu'au fond de la sorbetière, et tenant ce vaisseau avec les deux doigts de la main gauche. Cette dernière opération doit durer de cinq à dix minutes. Couvrez ensuite votre sorbetière; débouchez le seau en ôtant la bonde; laissez écouler toute l'eau; remettez la bonde ; regarnissez le seau avec la même quantité de glace et de salpêtre ; couvrez la sorbetière d'un torchon imbibé d'eau, et laissez la dans le seau jusqu'au moment du service.

CONGÉLATION DES GLACES ET DES FROMAGES MOULÉS.

Les glaces de fruits rouges, comme groseilles, framboises, cerises, oranges de Portugal, demandent à être peu travaillées. On doit se contenter de détacher la composition glacée pour la ramener au centre de la sorbetière ; autrement les glaces rouges deviendraient blanches en perdant leur matière colorante.

Lorsque la composition est glacée d'après la recette ci-dessus, on en remplit des moules qu'on enveloppe de papier. On les place dans un baquet ou seau, où l'on a disposé un lit de glace pilée fine, de l'épaisseur de trois pouces, et saupoudrée de deux poignées de salpêtre. Dès que les moules sont placés sur cette couche, on les recouvre d'un lit de glace pilée, de deux pouces d'épaisseur ; on jette par-dessus deux bonnes poignées de salpêtre, et l'on presse doucement la glace avec le pilon, pour que les moules soient bien comprimés. Si l'on a d'autres moules, on les met sur les premiers, recouverts d'un lit de glace et de salpêtre, et l'on couvre le baquet d'un torchon mouillé. Au bout de deux heures, on sangle une sorbetière, c'est-à-dire qu'on la pose sur un fond de glace, entourée de couches alternatives de salpêtre et de glace pilée. On retire les moules du baquet, on les trempe l'un après l'autre dans l'eau tiède, et l'on retire du moule la composition glacée, avec la pointe d'un couteau. On met les glaces tirées du moule chacune sur un petit morceau de papier, pour les empêcher de prendre ensemble, et on les pose dans la sorbetière les unes sur les autres. Au moment du service, on place les glaces sur des soucoupes. Tout ce travail doit être fait promptement.

Pour les glaces panachées, on fait glacer séparément chaque sorte de fruits, et on les mêle dans le moule.

On procède de même pour les fromages glacés. On place le fromage dans un seau rempli de glace pilée et de salpêtre. On le sort du seau au bout de deux heures, on retrempe le moule dans l'eau tiède. On fait glisser le fromage sur une serviette qu'on a disposée, et on le sert.

Quand on veut panacher un fromage et le faire de plusieurs couleurs, on place dans le moule une cloison ; on remplit les compartiments de la composition à glacer ; on ôte la cloison, on couvre le moule de son couvercle, et on le met dans le baquet, avec de la glace pilée et du salpêtre.

GLACES AU CITRON.

Mettez dans une terrine un litre de sucre cuit au petit lissé ; ajoutez une demi-chopine d'eau filtrée ; prenez six beaux citrons ; mettez dans le sucre les zestes de trois d'entre eux ; c'est-à-dire que vous enlèverez la pellicule jaune des citrons avec un petit couteau d'office, sans attaquer le blanc, et vous les jetterez dans le sucre. Coupez ensuite les six citrons par moitié, et exprimez-en le jus dans le sucre.

Couvrez la terrine avec un linge, et laissez infuser les zestes pendant une heure. Passez la liqueur à travers un tamis de soie, sans la presser, et versez-la dans la sorbetière pour faire glacer. Elle doit marquer 21 degrés au pèse-sirop.

OBSERVATIONS SUR LES CITRONS.

Quoique toutes espèces de citrons soient propres au travail de l'office, on doit néanmoins donner la préférence à ceux qu'on apporte d'Italie et de Portugal. Parmi les citrons de Nice et de Provence, il y en a beaucoup de sauvageons, qu'on reconnaît à la quantité de leurs pepins et à leur pulpe verdâtre et grenelée. En employant les citrons, il faut avant tout les essuyer extérieurement, en couper la pointe et la queue, les presser avec les mains sans se servir d'outils, qui communiqueraient au suc une saveur désagréable.

GLACES AU CÉDRAT.

Réduisez à vingt et un degrés un litre de sucre cuit au petit lissé. Versez-le dans une bassine ou dans un poêlon d'office. Posez-le sur le feu; quand il sera prêt à bouillir, retirez-le et versez-le dans une terrine. Mettez-y les zestes de deux cédrats; couvrez la terrine avec un linge, et laissez infuser les zestes pendant quatre ou cinq heures. Ajoutez ensuite le suc de cinq citrons, passez au tamis de soie, et faites glacer.

Avant d'exprimer le jus des citrons, ayez soin de les dépouiller de leur écorce, pour éviter que l'huile essentielle qu'elle renferme ne communique à la composition le parfum du citron.

GLACES A L'ORANGE DE MALTE.

Réduisez à vingt et un degrés un litre de sucre cuit au petit lissé ; versez-le dans une terrine ; mettez dedans le suc et les zestes de quatre oranges ; couvrez la terrine d'un linge, et laissez infuser les zestes pendant deux heures. Ajoutez le suc de trois citrons ; passez au tamis de soie, et faites glacer.

On laisse à cette composition sa couleur naturelle, qui est d'un blanc jaunâtre.

GLACES A L'ORANGE DE PORTUGAL.

Mettez dans une terrine un litre de sucre préparé comme ci-dessus, les zestes de trois oranges et le jus de cinq citrons. Après deux heures d'infusion, ajoutez le jus de deux citrons. Colorez cet appareil d'un rouge clair, avec un peu de cochenille ou de carmin. Passez ce liquide au tamis de soie, et faites glacer.

GLACES A L'ANANAS.

Ayez un litre de sucre préparé comme ci-dessus. Mettez dans un mortier de marbre la moitié d'un ananas de moyenne grosseur avec deux onces de sucre raffiné, et pilez-le bien. Faites-le infuser dans votre sucre pendant quatre à cinq heures. Ajoutez le jus de cinq citrons ; passez au tamis de soie, en pressant l'ananas avec une cuiller de bois pour que le jus passe à travers le tamis ; faites glacer.

GLACES A LA GROSEILLE.

Epluchez deux livres de groseilles rouges bien mûres et une demi-livre de framboises. Mettez-les dans un tamis de crin et pressez-les pour en exprimer le suc, que vous mêlerez avec trois quarts de litre de sucre cuit au petit lissé. Essayez au pèse-sirop ; si cet instrument descend à plus de vingt degrés, ajoutez un peu de jus de fruits mêlé avec de l'eau claire, s'il ne descend point à vingt degrés, ajoutez du sucre cuit au lissé. Vous mesurerez ainsi toutes les glaces aux fruits, ainsi que les sorbets et gramolates, dont il sera parlé dans cet ouvrage. Dans l'hiver, faute de groseilles fraîches, on emploie de la conserve ; dans ce cas, on met un tiers de conserve de groseilles et deux tiers de sucre cuit au petit lissé, et on ajoute le jus de deux citrons par litre de composition.

GLACES A LA FRAMBOISE.

Prenez une livre et demie de framboises fraîchement cueillies et une demi-livre de groseilles ; épluchez-les ; écrasez-les sur un tamis de crin ; mêlez au suc exprimé trois quarts de litre de sucre cuit au petit lissé ; ajoutez un verre d'eau claire. Essayez au pèse-sirop si la composition marque vingt degrés, et faites glacer.

GLACES A LA FRAISE.

Prenez un litre et demi de fraises et une demi-livre de groseilles ; épluchez-les ; pressez-les sur un tamis de crin, et procédez comme pour les glaces ci-dessus.

GLACES AU CASSIS.

Prenez une livre de cassis bien mûr; égrenez-le; exprimez-en le jus sur un tamis de crin, dans une terrine où vous aurez versé d'avance trois quarts de litre de sucre cuit au petit lissé. Sans cette précaution, le suc de cassis se caillerait et vous ne pourriez vous en servir. Dès que le jus sera tombé dans le sucre, ajoutez le suc de trois citrons. Passez de nouveau pour ne pas laisser de pepins dans la composition, qui doit marquer vingt degrés, et faites glacer.

GLACES A LA MERISE.

Broyez deux livres de merises dans un mortier de marbre avec leurs noyaux, après en avoir ôté la queue; faites-les infuser dans trois quarts de litre de sucre cuit au petit lissé. Après quatre heures d'infusion, ajoutez le jus d'un citron et passez au tamis. Cette composition doit marquer vingt degrés au pèse-sirop.

GLACES A LA CERISE.

Procédez comme pour les merises, en ajoutant le jus de deux citrons.

GLACES AUX ABRICOTS.

Prenez vingt abricots bien mûrs; après en avoir ôté les noyaux, passez-les au tamis de crin. Si c'est au commencement de la saison, il faut piler les abricots détachés de leurs noyaux, afin de faciliter l'expression du suc. Mêlez-y un litre de sucre à vingt degrés. Cassez les noyaux de vos abricots, retirez les amandes que vous broyerez légèrement et mêlerez avec le reste de la préparation. Laissez infuser durant trois heures; ajoutez le suc de trois citrons; passez au tamis de crin en pressant légèrement avec une cuiller de bois, et versez dans la sorbetière. Vous donnerez à cette composition 20 degrés. Toutes les fois que l'on presse les citrons dans le jus des fruits, il faut avoir soin de les dépouiller de l'écorce jaune qui les recouvre, parce que, en exprimant le jus, on pourrait communiquer aux compositions le parfum de citron par l'huile essentielle dont cette écorce abonde.

GLACES AUX PÊCHES.

Procédez comme dans la recette aux abricots.

GLACES A LA BIGARRADE.

Mettez dans une terrine un litre de sucre à vingt et un degrés. Prenez six bigarades; mettez les zestes de trois dans le sucre, avec le jus des six. Laissez infuser pendant une heure ou deux, ajoutez le jus de quatre citrons dépouillés avec soin de leur écorce. Passez au tamis de soie et faites glacer.

GLACES AU MELON.

Coupez votre melon par tranches; enlevez les pepins et le centre avec une cuiller d'argent; ôtez la pulpe sans atteindre l'écorce; mettez cette pulpe dans un tamis, et pressez-la fortement. Mêlez-y un litre de sucre à vingt degrés, et le jus de quatre citrons, passez au tamis de soie, et faites glacer.

GLACES A L'ANANAS COMPOSÉES.

Vous couperez un bon cantaloup par tranches; vous le hacherez fin, et le mettrez dans une terrine, avec trois pêches, trois abricots, un coing, les zestes d'un cédrat, et la moitié d'une gousse de vanille; mêlez-y un litre de sucre à vingt degrés, et laissez infuser pendant quatre heures. Au bout de ce temps, vous y ajouterez le jus de quatre ou cinq citrons; passez au tamis de soie, en exprimant avec une cuiller de bois, pour que le jus passe bien, et faites glacer comme les compositions précédentes.

GLACES AU PUR MOKA.

Moulez une livre de bon café Moka fraîchement torréfié. Mettez-le dans une cafetière à la hollandaise, et versez dessus deux pintes trois quarts d'eau bouillante. Quand le café sera fait, mettez-le dans un vase de faïence avec deux livres de sucre raffiné et concassé, couvrez ce vase avec soin, et mettez-le au bain-marie pour faire fondre le sucre. Remuez par intervalles avec une cuiller de bois, afin de faciliter la dissolution. Passez à travers une chausse aussitôt que le sucre sera fondu, et versez le café, quand il sera froid, dans la sorbetière, pour faire glacer.

AUTRE PROCÉDÉ.

Après avoir fait le café, clarifiez deux livres de

sucre raffiné, et faites-le cuire au gros boulé. Versez votre café dedans ; mêlez le tout ; laissez refroidir, et faites glacer.

GLACES AUX DIX FRUITS.

Prenez deux pêches, deux abricots, trente cerises, six amandes vertes, une once de cédrat, autant d'angélique, autant de pistaches, et quatre chinois ; tous ces fruits doivent être confits au sucre, excepté les pistaches, que vous monderez en les jetant dans l'eau chaude. Coupez vos fruits par petits morceaux de la grosseur des pistaches, et mettez-les dans un poêlon d'office avec un quart de litre de sucre cuit au lissé. Faites cuire ce sucre au perlé, et videz-les dans un vase de faïence pour le laisser refroidir. Mettez dans une sorbetière la composition prescrite à l'article des *Glaces à l'orange de Malte*, indiquant dix-huit degrés. Lorsque vos glaces seront bien prises, ajoutez-y à plusieurs reprises vos fruits et votre sucre, en remuant avec la spatule, puis couvrez la sorbetière de son couvercle, et sanglez-la.

GLACES A LA GRENADE.

Enlevez les grains de huit grenades ; mettez ces grains dans un mortier de marbre, et broyez-les avec six onces de groseilles rouges. Passez au tamis de crin, en pressant avec les mains. Versez le suc exprimé dans un litre de sucre cuit au petit lissé, ajoutez le jus de deux citrons, mettez la composition à vingt degrés, et faites glacer.

En hiver, on peut utiliser des conserves aux fruits.

GLACES AU RAISIN MUSCAT COMPOSÉES.

Prenez un litre de sucre à vingt et un degrés, comme il est dit à l'article des *Glaces au citron*, mettez-le dans un poêlon d'office et posez-le au feu; dès qu'il sera chaud, versez-le dans un vase de grès où vous aurez mis une once de fleurs de sureau; bouchez avec soin, et laissez infuser pendant quatre heures. Ajoutez ensuite le jus de six citrons, passez au tamis de soie, et faites glacer.

GLACES AU RAISIN MUSCAT.

Écrasez sur un tamis de crin deux livres de muscat blanc ou noir, de Frontignan ou de Malvoisie; pressez-le pour que le jus passe à travers le tamis, afin d'exprimer toute la partie liquide; mettez le suc et le marc du raisin dans trois quarts de litre de sucre cuit au petit lissé; au bout de deux heures d'infusion, ajoutez le jus de quatre citrons; passez à travers un tamis de soie. Mettez la composition à vingt et un degrés, d'après la méthode indiquée pour les glaces à la groseille, et faites glacer.

GLACES AU VERJUS.

Egrenez deux livres de verjus, que vous pilerez dans un mortier de marbre, et que vous pressurerez sur un tamis de crin. Ajoutez au jus celui de trois citrons, et un litre de sucre cuit au petit lissé. Mettez à vingt degrés, et faites glacer.

GLACES A L'ÉPINE-VINETTE.

Choisissez une livre et demie de grappes d'épine-vinette en pleine maturité, égrenez-les, et enlevez les pepins. Mettez-les dans un poêlon d'office avec une demi-chopine d'eau, posez le poêlon sur le feu, et quand le liquide aura donné quatre ou cinq bouillons, versez-le sur un tamis de crin, et pressez avec une cuiller de bois, jusqu'à ce qu'il ne reste plus sur le tamis que la pellicule des grains. Prenez un litre de sucre cuit au petit lissé : Mêlez-le avec le suc des fruits; ajoutez le jus de huit citrons. Passez de nouveau au tamis, pour ôter les pepins, et mettez cet appareil à vingt degrés, avant de faire glacer.

GLACES DE POIRE.

Ayez six belles poires de beurré; coupez-les par morceaux, et pilez-les dans un mortier de marbre après avoir enlevé les pepins. Passez au tamis de crin, et mêlez au suc exprimé un litre de sucre à vingt degrés, et le jus de trois citrons; versez ensuite la composition dans la sorbetière.

Vous pouvez préparer aussi les glaces, en réduisant les poires en marmelade; mais alors elles perdent la plus grande partie de leur parfum. Pelez les poires, coupez-les par morceaux, et mettez-les dans un poêlon d'office avec un demi-verre d'eau. Couvrez le poêlon avec un couvercle de casserole, et posez-le sur le feu. Quand les poires seront cuites, versez-les sur un tamis de crin, et pressez-les avec une cuiller de bois, pour que le suc et la pulpe traversent le tamis. Ajoutez le jus de trois citrons, et un litre de sucre à vingt degrés. Mettez dans la sorbetière, et faites glacer.

La recette est la même pour les poires de Saint-Germain, de crassane et de rousselet, ainsi que pour les pommes de reinette et de calville.

GLACES A LA TUBÉREUSE.

Mettez dans un poêlon d'office un litre de sucre à dix-sept degrés, faites-lui jeter un bouillon, ôtez-le du feu, et versez-le sur trois onces de fleurs de tubéreuse, que vous aurez mises préalablement dans un vase de faïence. Vous fermerez bien ce vase pour que la vapeur ne s'échappe pas, et le laisserez infuser pendant quatre heures ; au bout de ce temps, vous passerez au tamis de soie, et verserez dans la sorbetière pour faire glacer.

GLACES A LA VIOLETTE.

Suivez la recette ci-dessus ; seulement, ajoutez aux trois onces de violettes une demi-once d'iris de Florence, que vous couperez par petits morceaux.

GLACES AU JASMIN.

Ayez un litre de sucre à dix-sept degrés ; mettez-le dans un poêlon d'office ; posez-le sur le feu, et dès qu'il sera près de bouillir, versez-le sur trois onces de fleurs de jasmin. Après quatre ou cinq heures d'infusion, dans un vase hermétiquement fermé, passez le liquide au tamis de soie, et faites glacer.

On peut se servir, en hiver, des fleurs desséchées ou des essences.

Les glaces à la jonquille, à la rose muscade, à l'œillet, se préparent d'une manière analogue.

GLACES AU THÉ.

Faites bouillir les trois quarts d'une chopine d'eau de fontaine, et versez-les sur deux onces de thé vert. Couvrez hermétiquement le vase, et laissez infuser pendant deux heures. Passez au tamis de soie, et mêlez avec trois quarts de litre de sucre cuit au petit lissé. Mettez la composition à dix-huit degrés, et placez-la dans la sorbetière.

GLACES A LA VANILLE.

Coupez par morceaux une gousse de bonne vanille du Mexique; mettez-la dans un poêlon d'office avec un litre de sucre à dix-sept degrés; retirez le poêlon du feu au premier bouillon, et versez le contenu dans un vase de faïence; laissez infuser deux heures : passez à travers un tamis de soie bien serré, et faites glacer.

On peut colorer cette composition avec un peu de cochenille foncée.

GLACES AU ZÉPHYR.

Faites chauffer dans un poêlon d'office un litre de sucre à dix-huit degrés, avec les zestes d'un cédrat et d'une orange, et la moitié d'une gousse de vanille. Quand ce mélange sera sur le point de bouillir, retirez-le du feu, et versez le contenu dans un vase de faïence. Au bout de deux heures d'infusion, passez au tamis de soie, ajoutez le jus de deux citrons, et faites glacer.

DES GLACES.

GLACES AUX PRUNES DE REINE-CLAUDE.

Ayez vingt prunes de reine-Claude bien mûres et bien jaunes; ôtez les noyaux et mettez-les de côté. Si les prunes sont un peu fermes, vous les pilerez dans un mortier de marbre; autrement, vous vous contenterez de les écraser dans une terrine. Mettez dessus un litre de sucre à dix-sept degrés, et ajoutez les amandes des noyaux, mondées et écrasées avec un pilon. Ajoutez encore le jus de trois citrons. Couvrez la terrine avec un linge, et au bout de deux heures d'infusion, passez au tamis de soie, en pressant les fruits avec une cuiller de bois, pour que la pulpe traverse les mailles du tamis. Faites glacer.

GLACES AUX AMANDES.

Pilez dans un mortier de marbre six onces d'amandes douces, et une demi-once d'amandes amères, que vous aurez décortiquées en les jetant dans l'eau chaude. Pendant que vous les pilez, ajoutez de temps en temps un peu d'eau claire, pour que l'huile essentielle qu'elles renferment ne se détache pas de la pulpe. Mettez les amandes pilées dans une terrine, avec un litre de sucre à dix-huit degrés, délayez-les dans le sucre, et passez au tamis bien serré en pressant légèrement. Ajoutez deux gros d'eau de fleur d'orange avant de verser dans la sorbetière.

GLACES AU CAFÉ A L'EAU.

Prenez une demi-livre de café Moka torréfié, en

poudre; mettez-le dans une cafetière à filtre; jetez dessus une chopine d'eau bien bouillante, et, quand le café aura passé à travers le filtre, ajoutez-y un litre de sucre cuit à la petite plume. Mettez l'appareil à dix-neuf degrés, et faites glacer.

GLACES AU CAFÉ BLANC.

Faites torréfier trois quarts d'une livre de café Moka, et mettez-le, sans le moudre, dans un litre de sucre à vingt degrés. Couvrez le vase, et laissez infuser pendant quatre et même six heures; prenez ensuite cinq onces de lupins (1); mettez-les dans une casserole avec trois quarts de chopine d'eau de rivière, et faites-les bouillir pendant un quart d'heure. Passez à la chausse, et mêlez le liquide obtenu avec le café et le sucre; passez au tamis de soie, et faites glacer.

Si vos glaces n'étaient pas assez blanches, vous prendriez quatre blancs d'œufs; vous les placeriez dans la sorbetière, et travailleriez rapidement avec la spatule de bois, pour empêcher les blancs d'œufs de se coaguler avant d'avoir blanchi la composition et d'être montés en neige. Il faut avoir la précaution d'enlever les germes des blancs d'œufs, pour éviter qu'ils se forment en glaçons.

GLACES DE CHOCOLAT BLANC.

Faites torréfier comme le café une livre de cacao,

(1) Le lupin, ou pois large, produit des graines amères; mais le principe d'amertume disparait aussitôt qu'elles ont été lavées dans l'eau chaude. La farine de lupin servait, dans l'ancienne Rome, de nourriture aux esclaves. On l'emploie aujourd'hui à engraisser les bœufs en Espagne et en Italie.

ou bien mettez-le dans une poêle, et posez-le sur le feu, en le remuant avec une cuiller de bois jusqu'à ce qu'il soit de couleur marron. Mondez-le de sa coque, mettez-le dans un vase de faïence, et versez dedans un litre de sucre à dix-huit degrés. Ajoutez la moitié d'une gousse de vanille; couvrez le vase hermétiquement, et laissez infuser pendant six heures. Passez au tamis de soie, et faites glacer. Lorsque vos glaces seront bien prises, vous y ajouterez deux blancs d'œufs, et travaillerez rapidement la composition avec la spatule, pour qu'elle blanchisse et devienne légère.

V

DES GLACES A LA CRÈME.

GLACES A LA CRÈME DE VANILLE.

Mettez dans un poêlon d'office treize onces de sucre, une gousse de vanille coupée en petits morceaux, huit jaunes d'œufs frais. Mêlez en remuant avec une cuiller de bois, jusqu'à ce que les jaunes d'œufs aient légèrement blanchi. Versez sur cet appareil une pinte de bonne crème, en remuant à mesure. Posez le poêlon sur un feu doux, et continuez à remuer jusqu'à ce que la crème commence à s'attacher à la cuiller. Passez alors la crème au tamis de soie; car si vous laissiez la crème quelques secondes de plus sur le feu, elle bouillirait, et ne pourrait être employée. Aussitôt que la crème sera refroidie, mettez-la dans la sorbetière, et faites glacer.

GLACES DE CRÈME BLANCHE OU CRÈME LÉGÈRE.

Mettez dans une bassine quatorze onces de sucre blanc en poudre, huit jaunes d'œufs, deux gros de fleurs d'oranger pralinées, et un gros d'eau de fleur d'orange. Remuez cet appareil avec une cuiller de bois pendant dix minutes, pour que les jaunes d'œufs blanchissent. Versez peu à peu, dans la préparation, une pinte de bonne crème. Posez la bassine sur le feu, et faites cuire comme pour la crème à la vanille. Passez, et faites glacer. Quand vos glaces seront bien prises, ajoutez peu à peu, dans la sorbetière, une demi-pinte de crème fouettée ; mêlez avec une spatule de bois, et travaillez la composition pendant dix minutes, d'après la méthode indiquée à l'article *Congélation des glaces*.

Couvrez ensuite la sorbetière, et sanglez-la en la garnissant de glace et de salpêtre.

GLACES A LA CRÈME ET AU BEURRE.

Mettez dans une bassine treize onces de sucre blanc en poudre, et dix jaunes d'œufs ; remuez le tout avec une cuiller de bois, en versant peu à peu une pinte de bonne crème fraîche. Posez ensuite la bassine sur un feu doux, et faites cuire comme la crème à la vanille. Après avoir passé au tamis, prenez une demi-livre de beurre fin et frais, et mêlez-le à la crème par petits morceaux, en le remuant constamment avec une cuiller de bois, jusqu'à ce que la crème soit presque froide, et le beurre entièrement dissous : sans cette précaution, le beurre tournerait en huile et formerait des glaçons dans la sorbetière. Pendant le travail de la congélation, dérangez la sorbetière et détachez la composition avec la spatule, plus souvent que pour les glaces précédentes.

AUTRE RECETTE.

Faites chauffer de l'eau dans une casserole, que vous retirerez du feu dès que l'eau sera bouillante. Jetez cette eau comme inutile, et essuyez bien la casserole ; mettez-y le beurre, et l'y laissez fondre, en agitant la casserole. Préparez la crème comme ci-dessus, et quand elle sera glacée et bien prise, versez-y peu à peu le beurre; remuez rapidement avec la spatule pour opérer un mélange parfait, et empêcher le beurre de former des glaçons, puis couvrez et sanglez la sorbetière.

On peut communiquer le parfum du beurre avec des avelines, mais ce procédé n'est en usage que dans les cafés.

GLACES DE CRÈME A LA PORTUGAISE.

Mettez dans une bassine treize onces de sucre blanc en poudre, neuf jaunes d'œufs et les zestes de deux oranges; versez dessus peu à peu, en remuant toujours, une pinte de bonne crème; faites cuire comme la crème à la vanille; passez au tamis de soie; laissez refroidir; colorez d'un rouge clair avec un peu de cochenille, et versez dans la sorbetière.

GLACES DE CRÈME A L'ANGLAISE.

Prenez treize onces de sucre raffiné en poudre, huit jaunes d'œufs et une once de fleurs d'oranger pralinées; mettez le tout dans une bassine et remuez avec une cuiller de bois; ajoutez-y une pinte de crème double; faites cuire comme la crème à la vanille; passez au tamis de soie; laissez refroidir, et glacez comme ci-dessus. Lorsque votre composition sera bien prise, ayez deux onces d'écorce d'orange, autant d'écorce de citron, l'une et l'autre confites au sucre; deux onces de pistaches que vous monderez en les jetant dans l'eau chaude. Coupez ensuite vos écorces par petits morceaux de

DES GLACES A LA CRÈME.

la grosseur des pistaches, et mettez le tout dans la sorbetière avec vos glaces; remuez bien avec la spatule pour que les fruits se mêlent avec la composition glacée; couvrez la sorbetière de son couvercle; garnissez-la de glace et de salpêtre, et laissez-la ainsi jusqu'au moment de servir.

GLACES DE CRÈME DE MACARONS ET DE NOUGAT.

Pilez dans un mortier de marbre, et réduisez en pâte très-fine une demi-livre de nougat de Marseille et six macarons; mettez la pâte dans un poêlon avec dix onces de sucre blanc en poudre, huit jaunes d'œufs et une cuillerée à bouche d'eau de fleur d'orange; versez sur ces substances une pinte de bonne crème, en ayant soin de remuer à mesure avec une cuiller de bois; procédez ensuite comme pour la crème à la vanille.

On peut aussi, après avoir réduit les macarons et le nougat en pâte bien fine, la délayer dans la crème cuite, et la faire glacer sans la passer à travers le tamis.

GLACES DE CRÈME AUX AMANDES.

Jetez dans l'eau chaude, pour les monder, une demi-livre d'amandes douces et une once d'amandes amères; pelez-les, et pilez-les dans un mortier de marbre, en ajoutant un peu d'eau de fleur d'orange de temps en temps, pour qu'elles ne tournent pas en huile; mettez vos amandes réduites en pâte fine dans un poêlon d'office, avec quatorze onces de sucre blanc en poudre, neuf jaunes d'œufs et une pinte de bonne crème que vous mêlez exactement avec le reste en la versant par petites portions; posez le poêlon sur un feu doux, et procédez comme pour la crème à la vanille.

La recette des glaces aux avelines est la même; seulement on substitue du lait à l'eau de fleur d'orange.

GLACES DE CRÈME AU THÉ.

Mettez dans une bassine douze onces de sucre blanc en poudre, huit jaunes d'œufs et deux onces de thé vert. Remuez le tout avec une cuiller de bois, en versant sur cet appareil une pinte de crème fraîche. Posez la bassine sur le feu, et faites cuire comme la crème à la vanille. Quand votre crème sera cuite, vous la sortirez du feu et l'agiterez avec votre cuiller de bois pendant dix minutes, pour que le thé communique son arome à toutes les parties de la crème. Passez au tamis de soie, et versez dans la sorbetière pour faire glacer.

GLACES DE CRÈME AU CAFÉ MOKA.

Mettez dans une bassine, en remuant avec une cuiller de bois, huit jaunes d'œufs frais, treize onces de sucre blanc en poudre, et quatre onces de café moka en grains et nouvellement torréfié; versez dessus peu à peu une pinte de bonne crème. Faites cuire comme la crème à la vanille. Passez, laissez refroidir, et versez dans la sorbetière.

GLACES DE CRÈME A LA CANNELLE.

La recette est la même que la précédente; seulement ou substitue au moka deux gros de cannelle de Ceylan.

GLACES DE CRÈME A LA PARISIENNE.

Mettez dans une bassine quatorze onces de sucre blanc en poudre, dix jaunes d'œufs, les zestes d'un citron, une cuillerée à bouche d'eau de fleurs d'oranger et une pinte de crème double. Traitez cette composition comme la précédente.

GLACES DE CRÈME AUX AMANDES BRULÉES.

Exposez à un feu ardent, dans un poêle, six onces d'amandes douces, en les remuant toujours jusqu'à ce que la torréfaction leur ait communiqué une couleur marron clair. Pilez-les soigneusement dans un mortier de marbre, et réduisez-les en poudre fine, que vous mêlerez dans une bassine avec quatorze onces de sucre blanc en poudre, neuf jaunes d'œufs et une pinte de bonne crème. Traitez la composition comme la précédente. Ne la pressez pas quand vous la passerez au tamis de soie.

GLACES DE CRÈME AUX AMANDES PRALINÉES.

Elles se font cuire comme la crème à la vanille, et se composent de six onces d'amandes pralinées, pilées dans un mortier de marbre, de dix onces de sucre blanc en poudre, de neuf jaunes d'œufs, et d'une cuillerée à bouche d'eau de fleur d'orange.

GLACES DE CRÈME A LA VIOLETTE.

Mettez dans une bassine treize onces de sucre

blanc en poudre, neuf jaunes d'œufs, trois onces de fleurs de violette, et un gros d'iris de Florence coupé par petits morceaux. Remuez le tout avec une cuiller de bois, et versez peu à peu sur cette composition une pinte de bonne crème; faites cuire sur un feu doux; passez au tamis de soie, et pressez légèrement les fleurs de violette pour en extraire le suc; laissez refroidir, et faites glacer.

GLACES DE CRÈME A LA ROSE.

Ayez quatre onces de roses bien épluchées. Mettez-les dans une bassine avec treize onces de sucre en poudre, et huit jaunes d'œufs. Remuez le tout avec une spatule de bois, et versez sur cet appareil une pinte de bonne crème. Faites cuire comme ci-dessus; ajoutez un peu de couleur de cochenille; passez au tamis de soie, en appuyant légèrement sur les roses. Laissez refroidir et versez dans la sorbetière pour faire glacer.

GLACES DE CRÈME AU JASMIN.

La recette est la même que la précédente, mais seulement on substitue des fleurs de jasmin aux fleurs de roses, et l'on ne colore pas avec la cochenille.

GLACES DE CRÈME AUX PISTACHES.

Prenez quatre onces de pistaches; jetez-les dans de l'eau chaude, pour les dépouiller de leur pellicule. Pilez-les dans un mortier de marbre, en y ajoutant de temps en temps un peu de lait pour empêcher l'huile de se détacher. Mettez votre pâte dans une bassine avec douze onces de sucre blanc en poudre et huit jaunes d'œufs. Remuez le tout avec une cuiller de bois, et ajoutez par petites portions une pinte de bonne crème. Faites cuire comme les glaces de crème à la vanille. Quand la crème sera cuite, ajoutez-y un peu de vert d'épinards; mêlez-le exactement; passez au tamis de soie; laissez refroidir, et faites glacer.

GLACES DE CRÈME A L'ITALIENNE.

Mettez dans une bassine quatorze onces de sucre blanc en poudre, huit jaunes d'œufs, les zestes d'un cédrat et d'un citron, la moitié d'une gousse de vanille, et le quart d'un ananas bien mûr, coupé en tranches minces; remuez le tout avec une cuiller de bois, et versez dessus une pinte de bonne crème. Faites cuire, et passez au tamis de soie, en pressant l'ananas avec la cuiller. Laissez refroidir, et versez dans la sorbetière. Aussitôt que la crème sera bien prise, ajoutez dans la sorbetière une demi-pinte de crème fouettée, et travaillez comme les glaces de crème blanche ou crème légère.

GLACES DE CAFÉ A LA CRÈME.

Mettez dans une bassine six onces de café moka en poudre nouvellement torréfié, quatorze onces de sucre blanc en poudre, huit jaunes d'œufs, et une pinte de bonne crème. Procédez comme pour les glaces de crème à la vanille. Le tamis que vous emploierez doit être bien serré.

AUTRE RECETTE.

Mettez dans un poêlon d'office douze onces de sucre raffiné et une pinte de bonne crème. Posez ce poêlon sur le feu, et retirez-le au premier bouillon, pour verser le liquide sur six onces de café Moka, en poudre, que vous aurez mise dans un vase de faïence. Bouchez ce vase hermétiquement, et laissez infuser pendant deux heures. Passez à la chausse ou au tamis de soie bien serré, sans presser le marc. Laissez refroidir, et faites glacer.

GLACES DE CHOCOLAT A LA CRÈME.

Mettez dans un poêlon d'office une demi-livre de chocolat à la vanille, râpé; neuf onces de sucre blanc en poudre, huit jaunes d'œufs et une pinte de bonne crème, que vous versez peu à peu, en remuant avec une cuiller de bois; procédez du reste comme pour les glaces de crème à la vanille.

AUTRE RECETTE.

Mettez dans un poêlon dix onces de sucre raffiné; une demi-livre de chocolat râpé, et une pinte de bonne crème. Faites donner sur le feu quatre à cinq bouillons; puis passez au tamis de soie. Quand l'appareil sera refroidi, versez dans la sorbetière pour faire glacer.

GLACES DE CRÈME AUX NOYAUX.

Ayez quatre onces de noyaux de pêches; retirez les amandes et broyez-les dans un mortier de marbre. Mettez-les dans une bassine, avec treize onces de sucre blanc en poudre, huit jaunes d'œufs et une pinte de bonne crème, versez par petites portions. Procédez comme pour les glaces de crème à à la vanille. Passez au tamis de soie sans presser les noyaux, et faites glacer.

GLACES A LA CRÈME DE VÉNUS.

Mettez dans un vase de faïence une gousse de vanille, autant de cannelle de Ceylan, une demi-once d'anis, un demi-gros de macis, et les zestes d'une orange. Faites bouillir une pinte de bonne crème, et versez-la dans le vase. Couvrez avec un linge, et laissez infuser pendant trois heures. Au bout de ce temps, versez la composition dans une bassine, où vous aurez mis préalablement treize onces de sucre blanc en poudre et huit jaunes d'œufs. Remuez bien le tout avec une cuiller de bois, et faites cuire comme les glaces de crème à la vanille. Passez la crème cuite au tamis de soie, et dès qu'elle sera froide, versez dans la sorbetière pour faire glacer.

GLACES DE CRÈME SUAVE.

Versez une pinte de crème bouillante sur un demi-gros de girofle, le quart d'une noix muscade concassée, une once de roses, autant de fleurs de jasmin et de fleurs d'oranger. Couvrez le vase avec un linge, et laissez infuser pendant trois heures. Mettez ensuite dans une bassine treize onces de sucre en poudre, huit jaunes d'œufs, et versez dessus votre infusion, en remuant avec une cuiller de bois. Posez la bassine sur un feu doux, et procédez comme pour les glaces de crème à la vanille.

GLACES DE CRÈME AU MARASQUIN.

Mettez dans un poêlon d'office douze onces de sucre blanc en poudre, huit jaunes d'œufs, une cuillerée à bouche d'eau de fleur d'orange, et autant d'eau de jasmin. Remuez bien le tout avec une cuiller de bois, et versez dessus peu à peu une pinte de bonne crème. Posez le poêlon sur un feu doux, et faites cuire comme les glaces de crème à la vanille. Quand votre crème sera cuite, passez-la à travers un tamis de soie, laissez-la refroidir pour la verser dans la sorbetière, et faites glacer. Lorsque vos glaces seront bien prises, ajoutez-y six blancs d'œufs fouettés en neige que vous mettrez en remuant rapidement avec la spatule, pour que le mélange soit parfait et onctueux. Prenez ensuite la valeur de cinq petits verres de marasquin de Zara, et versez-les dans la sorbetière. Vous travaillerez la composition glacée, avec la spatule, pendant dix minutes, pour opérer un parfait mélange; puis vous couvrirez la sorbetière de son couvercle, et la sanglerez avec de la glace et du salpêtre.

VI

DES SORBETS, BISCHOFF ET PUNCH GLACÉS.

CONGÉLATION DES SORBETS.

Quand on sangle les sorbetières pour les sorbets, on met un tiers de moins de salpêtre que pour les glaces. On détache aussi plus souvent les compositions, parce qu'étant plus maigres, elles sont susceptibles de former plus de glaçons. Lorsque la sorbetière est sanglée, on la tourne rapidement pendant quatre ou cinq minutes. On la découvre, et, avec la spatule, on détache les parties qui se sont congelées à la circonférence intérieure. Cette opération terminée, on tourne la sorbetière, sans la couvrir de son couvercle, en la prenant par les bords avec les doigts de la main gauche. Toutes les trois ou quatre minutes, on détache les parties adhérentes à la circonférence, avec la spatule que l'on tient à la main droite. Lorsque le liquide a acquis assez de consistance, on le travaille en faisant glisser la spatule depuis le bord de la sorbetière jusqu'au fond, et l'on tourne en même temps le vaisseau. Aussitôt que la composition est entièrement glacée, on y met l'alcool ou la liqueur prescrite dans chacune des recettes suivantes, puis on couvre la sorbetière de son couvercle; on fait écouler l'eau salée; on remet la bonde, et l'on ressangle la sorbetière avec la même quantité de glace et de salpêtre que la première fois. Les sorbets doivent être un peu plus liquides que les glaces dont on vient de parler.

SORBETS DE CAFÉ.

Moudez une livre de bon café Moka fraîchement torréfié; mettez-le dans une cafetière hollandaise, et versez par-dessus trois pintes d'eau bouillante. Dès que le café est fait, mettez-le dans un vase de faïence avec deux livres de sucre raffiné et concassé. Fermez ce vase hermétiquement, et placez-le au bain-marie, pour faire fondre le sucre. Vous aurez soin de remuer par intervalles, avec une cuiller de bois, pour faciliter la dissolution. Lorsque le sucre sera fondu, passez votre appareil à travers une chausse, et quand il sera froid, versez-le dans la sorbetière pour faire glacer. Quand il sera bien pris, ajoutez la valeur de cinq petits verres de bon cognac. Mêlez bien le tout, et servez.

SORBETS DE PARFAIT AMOUR.

Mettez dans une carafe les zestes d'un cédrat, une demi-once de coriandre et un gros de cannelle de Ceylan; versez par-dessus une demi-chopine d'eau de rivière; bouchez avec soin, et exposez la carafe au soleil pendant quatre heures, vous pouvez aussi la placer dans la cendre chaude. Passez ensuite cette infusion à la chausse, et mêlez au liquide obtenu trois quarts de litre de sucre cuit au petit lissé. Pesez au pèse-sirop, et mettez la composition à dix-sept degrés; colorez-la avec de la cochenille, et versez dans la sorbetière pour faire glacer. Dix minutes avant de dresser vos sorbets, ajoutez-y la valeur de dix petits verres d'alcool que vous mêlerez avec la spatule, sans trop travailler l'appareil, afin qu'il ne blanchisse pas. Versez vos sorbets dans des verres à pied, et servez-les.

SORBETS DE KIRSCH-WASSER.

Faites infuser dans une demi-pinte d'eau de rivière, pendant quatre heures, une demi-livre de noyaux de cerises, que vous avez broyés, et mis dans une carafe. Passez votre infusion à la chausse, et la mêlez avec trois quarts d'un litre de sucre cuit au petit lissé. Mettez la composition à dix-sept degrés, faites la glacer; quand vos glaces seront bien prises, et dix minutes avant de servir, versez dans la sorbetière la valeur de six petits verres de kirsch-wasser, et travaillez l'appareil avec la spatule, pour que la liqueur s'y mêle bien, et que les sorbets soient bien blancs; dressez dans des verres à sorbets, et servez.

SORBETS DE MARASQUIN.

Prenez un litre de sucre à dix-sept degrés; mettez-le dans une sorbetière avec une cuillerée à bouche d'eau de fleur de jasmin, et autant d'eau de fleur d'orange; faites glacer. Dès que votre composition sera bien prise, vous y ajouterez quatre blancs d'œufs fouettés en neige; vous travaillerez le tout avec une spatule de bois, pendant cinq ou dix minutes, et y ajouterez six petits verres de bon marasquin de Zara. Travaillez encore avec la spatule de bois, afin que vos sorbets soient bien blancs, et servez-les.

SORBETS A LA ROSE.

Prenez un litre de sucre à dix-sept degrés ; ajoutez-y deux onces d'eau de rose, et un peu de couleur de cochenille ; faites glacer. Quand la composition sera bien prise, vous verserez ensuite dans la sorbetière la valeur de six petits verres d'esprit-de-vin, et travaillerez avec la spatule, mais sans trop remuer, de peur de blanchir la composition.

SORBETS DE JASMIN.

Ces sorbets se préparent de même que les précédents avec de l'eau de jasmin, au lieu d'eau de rose ; on n'y met pas de cochenille.

On fait de la même manière des sorbets avec toutes sortes d'eaux de fleurs aromatiques. On peut substituer à l'alcool des liqueurs de rose, de jasmin, de parfait amour, etc.

Si l'on n'a pas d'eau de fleurs, on fait infuser dans le sucre quatre onces de fleurs fraîches, pendant cinq heures, et l'on passe au tamis de soie.

SORBETS A LA FRAISE.

Pressez sur un tamis de crin une livre et demie de fraises et une demi-livre de groseilles. Mêlez au suc exprimé trois quarts de litre de sucre cuit au petit lissé, ajoutez le jus de deux citrons, et passez de nouveau. Mettez cet appareil à dix-huit degrés, et versez-le dans la sorbetière. Quand la composition sera glacée, et dix minutes avant de servir les sorbets, ajoutez une demi-bouteille de champagne, et mélangez-le bien à l'appareil avec la spatule, sans trop le travailler, de peur de le faire blanchir. Servez dans des verres à sorbets.

On peut remplacer le champagne par du bordeaux ou du bourgogne.

SORBETS AU VIN DE MALAGA.

Mettez dans un vase de faïence le jus et les zestes de deux citrons, un gros de cannelle de Ceylan et un litre de sucre à dix-huit degrés. Au bout de trois ou quatre heures d'infusion, passez au tamis de soie, et faites glacer. Ajoutez ensuite, quand la composition sera bien prise, une demi-bouteille de malaga, et mêlez-la bien avec l'appareil, au moyen de la spatule. Ajoutez encore quatre blancs d'œufs, et travaillez avec promptitude pendant dix minutes, pour empêcher les blancs d'œufs de se congeler avant d'être réduits en neige. Servez immédiatement.

On peut traiter comme le vin de Malaga toute espèce de vin blanc ou rouge, champagne, bordeaux, bourgogne, vin d'Espagne, etc.

BISCHOFF GLACÉ.

Mettez dans un litre de sucre à vingt degrés les zestes de deux citrons et d'une orange, un gros de cannelle de Ceylan et autant de girofle. Laissez infuser le tout dans ce sucre pendant quatre heures; au bout de ce temps, vous ajouterez le jus de deux citrons, et vous passerez à travers un tamis de soie. Faites glacer; dès que la composition sera bien prise, versez dans la sorbetière une bouteille de champagne ou de chablis. Travaillez pendant dix minutes avec la spatule de bois. Versez dans des verres à sorbets ou dans des bols ; cette composition doit être un peu plus liquide que les précédentes.

PUNCH A LA ROMAINE OU PUNCH SPUNGATO.

Mettez dans une terrine un litre de sucre cuit au petit lissé que vous aurez réduit à dix-huit degrés. Ajoutez les zestes et le jus de trois oranges, couvrez la terrine avec un linge, et laissez infuser le tout pendant une heure ; au bout de ce temps, vous passerez ce sucre au tamis de soie, vous ajouterez le jus de trois citrons, et le verserez dans la sorbetière. Quand la composition sera glacée, dix minutes avant de servir, mettez-y cinq blancs d'œufs bien frais. Travaillez rapidement avec une spatule de bois pendant cinq minutes, jusqu'à ce que les blancs d'œufs soient montés en neige, sans cette précaution les blancs d'œufs formeraient des glaçons qui rendraient la composition rude, grenue et cassante. Quand le liquide de la sorbetière est monté environ d'un cinquième, et que la composition est blanchie, prenez la valeur de six petits verres de rhum de la Jamaïque, et versez-les dans la sorbetière. Travaillez pendant trois minutes avec la spatule de bois, et versez dans des verres à punch ou dans un bol entouré de verres.

Pour la recette du punch et du bischoff non glacés, voir le chapitre XI.

VII

DES LIQUEURS GLACÉES DITES GRAMOLATES.

DES GRAMOLATES.

Les gramolates sont des liqueurs glacées, en usage dans plusieurs villes d'Italie, surtout pour les bals et les soirées. L'état de granulation auquel elles arrivent leur a valu leur nom de *gramolata*, qui signifie *grumelée*.

On sangle les sorbetières pour les gramolates de la même manière que pour les glaces, mais en y mettant moitié moins de salpêtre. Lorsque la sorbetière est sanglée, on la découvre et on la tourne en la prenant par le bord avec trois doigts de la main gauche et trois doigts de la main droite. Dès que la liqueur commence à prendre, on détache avec la spatule les parties adhérentes à la circonférence interne. On continue à tourner, en tenant la spatule de la main droite et la sorbetière de la main gauche. Quand la liqueur est à l'état de neige fondante, sans être trop prise, quand elle commence à se grumeler, on couvre la sorbetière de son couvercle, on ôte la bonde pour laisser écouler la moitié de l'eau salée; et l'on entoure la sorbetière de glace et de salpêtre, pour conserver les gramolates jusqu'au moment du service.

Ces rafraîchissements se servent presque liquides et d'une granulation égale.

GRAMOLATES AU CITRON.

Prenez un litre de sucre à quatorze degrés, mettez-y les zestes de trois citrons et le jus de six. Laissez infuser pendant une heure; au bout de ce temps, passez au tamis de soie, et faites glacer d'après la recette ci-dessus.

GRAMOLATES A L'ORANGE.

Mettez dans une terrine un litre de sucre à quatorze degrés, les zestes de trois oranges et le jus de quatre, couvrez la terrine avec un linge, et laissez infuser pendant une heure. Ajoutez le jus de deux citrons et un peu de cochenille préparée; passez au tamis de soie, et faites glacer.

GRAMOLATES A LA GROSEILLE.

Ecrasez sur un tamis de crin une livre de groseilles rouges et une demi-livre de framboises. Mêlez le suc obtenu avec trois quarts de litre de sucre cuit au petit lissé. Ajoutez le jus de deux citrons, passez de nouveau et mettez la composition à quatorze degrés; faites glacer.

GRAMOLATES A LA FRAISE.

Pressez sur un tamis de crin une livre de fraises et une demi-livre de groseilles rouges, mêlez au suc exprimé trois quarts de litre de sucre cuit au petit lissé, et le jus de deux citrons, et procédez comme pour les gramolates à la groseille.

GRAMOLATES A LA MERISE.

Pilez dans un mortier de marbre une livre et demie de merises mûres, mettez-les dans une terrine avec trois quarts de litre de sucre cuit au petit lissé. Laissez infuser le tout pendant deux heures, ajoutez ensuite le jus de deux citrons, passez au tamis de crin bien serré, en pressant légèrement, pour que le suc des merises traverse les mailles du tamis; mettez l'appareil à quatorze degrés, et faites-le glacer.

Les gramolates à la cerise se préparent de même.

GRAMOLATES A LA PÊCHE.

Ayez douze pêches, que vous presserez sur un tamis de crin, si elles sont bien mûres, et que vous pilerez dans un mortier de marbre, si elles ne le sont pas assez; retirez les noyaux, pelez les amandes, et broyez-les légèrement, pour les jeter ensuite dans le suc des pêches; ajoutez un litre de sucre cuit au petit lissé, et laissez infuser le tout pendant trois heures; ajoutez le jus de trois citrons, passez à travers un tamis de crin en pressant, pour faire partir la pulpe du fruit, et mettez la composition à quatorze degrés, avant de la faire glacer.

Les gramolates aux abricots se préparent de même.

GRAMOLATES AUX AMANDES.

Pilez, dans un mortier de marbre, six onces d'amandes douces et deux onces d'amandes amères que vous aurez mondées de leurs pellicules en les jetant dans de l'eau chaude ; versez de temps en temps un peu d'eau de fontaine pendant l'opération, pour empêcher les amandes de tourner en huile. Quand elles seront réduites en pâte, mêlez-les à un litre de sucre à quatorze degrés. Quand votre pâte sera délayée dans le sucre, passez au tamis de crin bien serré, en pressant légèrement ; ajoutez deux onces d'eau de fleur d'orange à la composition, et faites glacer.

VIII

DES BISCUITS GLACÉS.

MANIÈRE DE FAIRE GLACER LES BISCUITS.

On appelle *cave* la caisse en fer-blanc qui sert à faire glacer les biscuits. Il y a des *caves* de plusieurs grandeurs ; mais les plus communes, qui contiennent trois cents biscuits, ont 56 centimètres en long et en large, et 40 centimètres en hauteur. L'intérieur de cette caisse est divisé par trois grilles, dont les dimensions sont les mêmes, à 10 centimètres de distance les unes des autres ; ces grilles ont pour support quatre petites pattes en fer-blanc, soudées aux angles de la caisse. Le couvercle de cet ustensile a presque la forme d'un four de campagne ; seulement il est destiné à contenir de la glace au lieu de charbon. Au coin du bord supérieur de ce couvercle est une petite gouttière par laquelle on fait écouler à volonté l'eau salée. Le second vaisseau nécessaire est un seau de bois de chêne, de la même forme que la caisse, mais de deux pouces plus large et plus haut. Ce seau est percé au bas d'un trou, que l'on tient bouché avec une bonde, et qu'on ôte pour faire partir l'eau.

BISCUITS GLACÉS A LA VANILLE.

Mettez dans une terrine douze jaunes d'œufs frais, une livre de sucre raffiné en poudre, bien tamisé, et l'intérieur d'une gousse de vanille. Remuez avec une cuiller de bois pendant un quart d'heure assez rapidement pour que les jaunes d'œufs deviennent blanchâtres et légers. Ajoutez une pinte et demie de crème fouettée, et remuez légèrement pour opérer un parfait mélange. D'autre part, vous aurez fait de petites caisses en papier blanc, dites *caisses d'office*, de huit centimètres de long sur quatre de large et trois centimètres de haut. Cette grandeur est celle des demi-biscuits ; mais on peut donner aux caisses la dimension que l'on veut, suivant le goût et le caprice. Remplissez vos caisses de la composition avec une petite cuiller d'argent, et à mesure qu'elles sont pleines, posez-les au fond de la cave. Avant de commencer ce travail, il faut sangler la cave en la garnissant de glace et de salpêtre, suivant la recette indiquée à l'article de la congélation des glaces. Quand le fond de la cave est garni de biscuits, on pose dessus une grille que l'on garnit également, et sur cette seconde grille une troisième. On couvre la cave de son couvercle ; on met par-dessus de la glace pilée et du salpêtre ; on couvre le tout d'un gros torchon un peu mouillé, et on laisse ainsi l'appareil durant deux heures. Au bout de ce temps, on sert sur des soucoupes, avec de petites cuillers.

Si l'on désire donner à ces biscuits plus d'élégance dans la forme, on mêle une demi-pinte de crème fouettée avec six onces de sucre en poudre fine, et quand les biscuits sont à moitié glacés, on les recouvre d'une légère couche de ce mélange. Pour rougir la superficie des biscuits, on emploie la crème fouettée rouge dont nous donnerons ci-après la recette. Nous indiquerons encore celle de la crème fouettée au chocolat, qu'on peut étendre sur les biscuits.

AUTRE PROCÉDÉ.

Mettez dans une bassine dix jaunes d'œufs, une livre de sucre blanc en poudre et une gousse de vanille coupée par petits morceaux, remuez le tout avec une cuiller de bois, et versez peu à peu par-dessus une pinte et demie de bonne crème. Vous poserez ensuite la bassine sur un feu doux, et ferez cuire comme il est dit à l'article des glaces de crème à la vanille. Quand votre crème sera cuite, passez-la au tamis de soie et laissez-la refroidir. Dès qu'elle sera froide, posez la terrine qui contient la crème sur de la glace pilée et du salpêtre. Mettez dans votre crème une once de gomme arabique en poudre, et avec un petit balai d'osier, fouettez-la jusqu'à ce qu'elle soit en neige. Pour plus de facilité, vous pourrez fouetter par tiers. Quand la composition est en mousse ferme, vous en remplissez des caisses d'office, et vous faites glacer.

BISCUITS GLACÉS AU MARASQUIN.

Mettez dans une terrine douze jaunes d'œufs, vingt onces de sucre blanc en poudre bien tamisé, un petit verre de marasquin et autant de kirsch-wasser. Remuez avec une cuiller de bois pendant un quart d'heure; puis ajoutez une pinte et demie de crème fouettée; remplissez de cette composition des caisses de papier et faites glacer comme les précédents.

BISCUITS GLACÉS A LA ROSE.

La recette est la même; seulement l'eau de rose remplace le marasquin, et l'on colore la composition en rouge avec la cochenille préparée.

BISCUITS GLACÉS AU CHOCOLAT.

Pilez dans un mortier de marbre une demi-livre de chocolat à la vanille; passez au tamis de soie la poudre que vous aurez obtenue, et mettez-la dans une terrine avec douze jaunes d'œufs, une livre de sucre blanc en poudre tamisé; employez une cuiller de bois pour remuer le tout avec force et vitesse, pendant dix minutes; puis ajoutez une pinte et demie de crème fouettée. Mêlez-le tout doucement, pour ne pas faire tomber la mousse, et remplissez des caisses de papier, pour faire glacer.

On peut faire fondre le chocolat au bain-marie au lieu de le piler.

BISCUITS GLACÉS AU CAFÉ.

Mettez dans une terrine douze jaunes d'œufs, vingt onces de sucre blanc en poudre bien tamisé, et une demi-tasse de café à l'eau très-fort. Remuez avec force et vitesse pendant dix minutes. Ajoutez une pinte et demie de crème fouettée. Mêlez en remuant doucement, et remplissez vos caisses.

IX

DES MOUSSES.

MOUSSE A LA VANILLE.

Prenez une pinte de crème double, dans la moitié de laquelle vous ferez bouillir une gousse de vanille. Laissez ensuite refroidir, et passez au tamis de soie. Mettez dans une terrine douze onces de sucre en poudre, bien tamisé et très-blanc, huit jaunes d'œufs frais, deux blancs d'œufs, une once de gomme adragant pulvérisée, et versez par-dessus, votre demi-pinte de crème. Ajoutez l'autre demi-pinte qui n'a pas bouilli. Pilez huit ou dix livres de glace, mettez-les en poudre fine dans un baquet, avec deux fortes poignées de salpêtre, que vous mêlerez à la glace. Posez la terrine sur ce mélange. Prenez un petit balai d'osier, fouettez-en votre composition, et à mesure qu'elle montera, remplissez-en des verres ou des gobelets d'argent. Mettez-les dans une cave sanglée d'avance. Couvrez cette cave de son couvercle, sur lequel vous placerez de la glace pilée et du salpêtre ; cette mousse est bonne à servir au bout de deux heures.

Avant de fouetter votre composition, ayez soin de bien faire fondre le sucre.

Les caves à mousse diffèrent des caves à biscuit, en ce qu'elles sont divisées en cases pour les gobelets ; mais, à défaut d'ustensile spécial, on peut se servir de cave à biscuit, en fer-blanc.

MOUSSE AU CHOCOLAT.

Faites fondre quatre onces de bon chocolat dans un demi-verre d'eau, à très-petit feu. Quand il sera fondu, faites-lui donner trois ou quatre bouillons. Laissez refroidir, et mettez dans une terrine, avec douze onces de sucre raffiné en poudre, huit jaunes d'œufs frais, deux blancs, une once de gomme adragant en poudre, et une pinte de crème double. Posez votre terrine sur de la glace pilée et du salpêtre, et procédez comme ci-dessus.

MOUSSE AU CAFÉ.

Prenez trois onces de café Moka en poudre; mettez-le dans une cafetière à filtre, où vous verserez la valeur de douze demi-tasses d'eau bouillante. Quand il sera passé et refroidi, mettez-le dans une terrine, avec deux onces de sucre raffiné, huit jaunes d'œufs, deux blancs, une once de gomme adragant en poudre, et une pinte de crème double. Procédez comme ci-dessus.

MOUSSE AU PARFAIT AMOUR.

Mettez dans une terrine douze onces de sucre en poudre, quatre œufs entiers, une pinte de crème double, trois petits verres de parfait amour et un peu de cochenille préparée. Dès que le sucre sera fondu, fouettez cette composition, en posant la terrine sur de la glace pilée et du salpêtre, et procédez comme ci-dessus.

Toutes les mousses aux liqueurs se préparent de même.

MANIÈRE DE FRAPPER LES CARAFES D'EAU.

Pour six carafes, pilez quinze livres de glace bien fine. Mettez-en la moitié dans un baquet, avec une bonne poignée de salpêtre. Remplissez vos carafes d'eau à un pouce et demi au-dessous de l'ouverture, et placez-les dans le baquet, en les enfonçant de manière à ce qu'elles touchent le fond. Unissez la surface de la glace, afin que toutes vos carafes soient également couvertes. Éparpillez sur cette première couche une demi-poignée de salpêtre; couvrez-la de l'autre moitié de la glace pilée, et mettez par-dessus une poignée de salpêtre. Unissez et tassez la glace avec une spatule de bois, pour que les carafes soient bien serrées, et couvertes de glace seulement aux deux tiers; autrement, elles pourraient casser. Votre baquet doit être de niveau, et ne pencher ni d'un côté ni de l'autre. S'il n'était pas d'aplomb, toutes les carafes ne seraient pas également frappées. Couvrez les carafes avec un linge propre, et servez-vous-en au bout d'une heure et demie ou deux heures.

Les carafes de verre sont moins susceptibles de se casser que celles de cristal.

MANIÈRE DE FRAPPER UNE BOUTEILLE DE CHAMPAGNE.

Ayez un petit seau en cuivre plaqué, ou même en bois ou en terre. Pilez trois livres de glace; mettez-en une demi-poignée dans le fond du seau. Otez le plomb et le fil de fer qui environnent le bouchon de votre bouteille, et placez-la au milieu du seau. Mêlez avec la glace pilée une demi-livre de salpêtre, et couvrez-en votre bouteille aux trois quarts. Au bout de cinq minutes, coupez la ficelle qui retient encore le bouchon; débouchez la bouteille, et laissez-la une heure ou une heure et demie. Après quoi vous servirez.

Quand on suit cette méthode, toute la partie spiritueuse demeure fluide au centre de la bouteille, et les parties les plus grossières du vin adhèrent aux parois de la bouteille. Si l'on ne tient pas à séparer ces deux éléments constitutifs du vin, il faut supprimer le salpêtre. Alors le champagne sera glacé sans être congelé; les parties grossières ne se sépareront pas, et conserveront leur goût.

En général, tous les vins perdent leur qualité lorsqu'ils restent plus d'une heure dans la glace.

X

DE LA LIMONADE, DE L'ORANGEADE, DES EAUX DE FRUITS ET DE L'ORGEAT.

LIMONADE.

Cette boisson est agréable et salutaire, surtout quand elle est faite avec des citrons d'Italie ou de Portugal.

Mettez dans une terrine un litre d'eau de rivière filtrée; prenez huit beaux citrons; coupez-leur la queue et la tête; essuyez-les avec un linge, et, avec un couteau d'office (1), vous détacherez superficiellement les zestes de trois citrons, sans attaquer le blanc, et vous les ferez tomber à mesure dans l'eau; vous couperez les huit citrons par moitié, et les presserez dans la terrine. Quand vous aurez exprimé le suc, vous couvrirez la terrine d'un linge et laisserez infuser pendant une heure; vous passerez la limonade à la chausse; vous ajouterez un tiers de sucre cuit au lissé, et verserez dans des carafons.

Les limonadiers sucrent cette limonade à douze ou à dix degrés; mais alors on y ajoute de l'eau en la prenant; autrement, loin d'apaiser la soif, elle l'exciterait.

Pour bals et soirées, on sucre cette limonade à six degrés, et on la sert dans des verres à moitié

---

(1) On trouve les couteaux d'office, propres à zester les citrons, les oranges, etc., chez M. LAGARVEGUE, rue Sainte-Anne, n° 15. C'est le seul dépôt à Paris, et même dans toute la France.

pleins, où l'on peut ajouter de l'eau. On doit généralement sucrer à six degrés tous les rafraîchissements qu'on sert dans les bals et soirées.

LIMONADE CUITE.

Mettez dans une théière les zestes d'un citron; coupez-le par tranches rondes bien minces, et ajoutez-les aux zestes. Faites bouillir les deux tiers d'une chopine d'eau, et versez-la dessus. Bouchez avec soin, et laissez infuser pendant cinq ou dix minutes. Servez avec du sucre à part.

LIMONADE AU VIN.

Mettez dans une terrine une pinte d'eau filtrée, les zestes de deux citrons; une livre de sucre raffiné en poudre, et deux bouteilles de vin de Bourgogne ou de Bordeaux. Laissez infuser pendant une heure; remuez de temps en temps avec une cuiller de bois, pour que le sucre se fonde; ajoutez ensuite le jus de cinq citrons; passez votre limonade à la chausse, et versez-la dans des carafons ou dans des verres ordinaires.

ORANGEADE.

Cette boisson, quand elle est bien faite, est préférable à la limonade.

Mettez dans une terrine un litre d'eau filtrée, les zestes de trois oranges, le jus de six, et celui de deux citrons. Laissez infuser pendant une heure; passez à la chausse, et sucrez comme la limonade.

Pour bals et soirées, on sucre l'orangeade à six

degrés, et on la sert dans des verres à moitié pleins.

EAU DE GROSEILLES.

Mettez dans une terrine et écrasez ensemble deux livres de groseilles rouges et une demi-livre de framboises; passez-les sur un tamis de crin, et ajoutez au suc un litre d'eau de fontaine filtrées; passez à la chausse, et sucrez comme la limonade.

Il faut avoir soin avant d'écraser les fruits, de les monder de leurs queues.

EAU DE CERISES.

Prenez deux livres de belles cerises, et mettez-les dans un tamis de crin, après en avoir ôté les queues; écrasez-les, et ajoutez au suc obtenu un litre d'eau de fontaine filtrée; broyez ensuite légèrement les noyaux de ces cerises dans un mortier de marbre; mettez-les dans le suc des cerises, et laissez infuser pendant deux heures; passez à travers une chausse, et sucrez comme la limonade.

Si les cerises étaient très-mûres, on pourrait y ajouter le jus de trois citrons.

EAU DE FRAISES.

Ecrasez dans une terrine une livre de fraises, mondées de leurs queues; ajoutez un litre d'eau de fontaine, et le jus de trois citrons; laissez infuser pendant une heure; passez au tamis de crin, en pressant les fruits pour en exprimer le suc; passez à la chausse le suc obtenu, et sucrez comme la limonade.

ORGEAT.

Ayez une livre d'amandes douces et quatre onces d'amandes amères; jetez-les dans l'eau chaude, pour les monder de leur pellicule; mettez-les dans un mortier de marbre, et pilez-les, en les arrosant de temps en temps avec un peu d'eau pour empêcher l'huile de se détacher de la pulpe. Quand elles seront réduites en pâte bien fine, mettez-les dans une terrine avec deux livres de sucre en poudre, et une once d'eau de fleur d'orange double; mêlez avec une cuiller de bois; ramassez ensuite votre pâte, et formez-en un pain; saupoudrez la terrine de sucre; placez-y votre pain de pâte d'amandes; saupoudrez-le de sucre avec soin, et placez votre terrine dans un lieu tempéré.

Quand vous voudrez faire de la liqueur d'orgeat fraîche, vous prendrez deux onces de cette pâte, vous les délayerez dans une demi-chopine d'eau; vous passerez au tamis de soie bien serré, et servirez.

XI

DU THÉ, DU PUNCH ET DU BISCHOFF CHAUDS.

INFUSION DE THÉ.

La meilleure manière de préparer cette boisson est de tremper une théière dans l'eau chaude, et d'y mettre ensuite la quantité de thé que l'on veut faire. On verse d'abord sur le thé une demi-tasse d'eau bouillante; on couvre la théière avec soin, et on laisse infuser pendant quelques minutes, pour donner à la partie aromatique du thé le temps de se dégager. On achève ensuite de remplir la théière d'eau bouillante; on laisse infuser pendant cinq minutes, et l'on place la théière sur un plateau, avec de la crème froide, à part, un sucrier et des tasses à thé.

PUNCH A LA PARISIENNE.

Mettez dans une casserole, ou dans un poêlon d'office, une pinte de sucre cuit au grand lissé, les zestes et le jus de deux citrons, et deux pintes d'eau-de-vie à vingt degrés. Faites chauffer ce mélange, sans le laisser bouillir; passez-le au tamis de soie, et versez dans des bols que vous placerez sur un plateau avec des verres à punch autour; vous mettrez le feu à votre punch, et le servirez flambant.

PUNCH AU RHUM.

Ajoutez à la recette précédente une demi-pinte de rhum, et mettez un peu plus de sirop de sucre.

PUNCH A L'ANGLAISE.

Mettez dans une théière deux onces de thé vert, et les zestes de deux citrons. Versez dessus une demi-pinte d'eau bouillante. Couvrez la théière, et laissez infuser pendant une demi-heure. Versez ensuite dans une casserole, et ajoutez une demi-livre de sucre en poudre, et le jus de trois citrons. Faites fondre le sucre en le remuant avec une cuiller d'argent; puis ajoutez une bouteille de rhum de la Jamaïque; faites chauffer sans laisser bouillir, passez au tamis de soie, et servez.

AUTRE PUNCH A L'ANGLAISE.

Préparez une pinte de limonade, suivant la formule indiquée plus haut; mettez-la dans une casserole avec une demi-livre de sucre blanc en poudre, et une bouteille de Madère; faites chauffer au bain-marie, et servez dans des verres à punch.

PUNCH AUX OEUFS, OU A LA LYONNAISE.

Mettez dans un poêlon d'office huit jaunes d'œufs frais, et une demi-livre de sucre raffiné en poudre, travaillez ce mélange avec une cuiller de bois pendant dix minutes pour faire mousser et blanchir les jaunes d'œufs. Au bout de ce temps, vous ajouterez à cette composition une pinte de limonade, que vous verserez dans le poêlon peu à peu; une pinte de sucre cuit au lissé; une pinte d'infusion de thé, dont nous donnons plus haut la recette; et deux pintes d'eau-de-vie à vingt-deux degrés. Lorsque le tout sera bien mélangé, posez le poêlon sur un feu clair, et pendant que vous faites chauffer sans laisser bouillir, fouettez l'appareil avec un petit balai d'osier. Servez dans des verres à punch, ou dans des bols avec des verres à côte.

Comme le feu pourrait se mettre à la composition, ne mettez du liquide qu'à moitié de votre poêlon, autour duquel vous aurez soin de couvrir le feu de cendre.

PUNCH AU VIN OU VIN CHAUD.

Mettez dans un vase de faïence le jus et les zestes de six bigarades, une demi-once de cannelle de Ceylan, et six clous de girofle. Versez sur ces ingrédients quatre bouteilles de vin de Bourgogne rouge ; bouchez le vase avec soin, et laissez infuser le tout pendant vingt-quatre heures. Passez à la chausse ou au tamis de soie, et mettez le liquide dans un poêlon d'office avec vingt onces de sucre raffiné. Vous posez le poêlon sur un feu doux, et quand il sera près de bouillir, vous le retirerez du feu, et le servirez immédiatement dans des verres à punch.

BISCHOFF OU BISHOPP.

Mettez dans une carafe une demi-pinte d'eau-de-vie, avec le jus et les zestes de six bigarades, une once de cannelle de Ceylan, autant de coriandre et une demi-noix muscade en poudre ; bouchez la carafe avec soin, et laissez infuser pendant vingt-quatre heures. Mettez dans une terrine une pinte de sucre cuit au grand lissé, deux pintes de vin de Chablis ou de Champagne, et la valeur de quatre petits verres de votre infusion, après l'avoir tiré au clair. Mêlez bien les deux liquides, en les versant d'une terrine dans une autre, et versez dans des verres à rafraîchissements, avec une tranche de citron coupée bien mince dans chaque verre.

PUNCH DE DAMES, POUR BALS ET SOIRÉES.

Mettez dans une terrine un litre d'eau filtrée, les zestes et le jus de trois oranges, le jus de quatre citrons. Laissez infuser les zestes pendant deux heures; puis passez à la chausse, et versez le liquide dans une terrine, avec un litre de sucre cuit à la nappe, un litre d'eau-de-vie, une demi-pinte de bon rhum, et une infusion de thé, que vous aurez fait préalablement de trois onces de thé vert et d'une pinte d'eau. Posez votre terrine sur le feu, ou au bain-marie, faites chauffer sans laisser bouillir, et versez dans des verres à punch.

PUNCH ZABAION, OU PUNCH A LA ROMAINE CHAUD.

Ayez une chocolatière qui puisse contenir deux pintes de liquide. Mettez-y six jaunes d'œufs frais, quatre onces de sucre blanc en poudre, quatre petits verres de bon rhum, autant d'eau chaude, et le jus d'un citron. Posez votre chocolatière sur le feu, et remuez sans cesse la composition avec un moussoir, que vous ferez rouler entre la paume de vos deux mains, comme si vous faisiez du chocolat. Continuez à remuer jusqu'à ce que l'appareil monte deux ou trois fois au bord de la chocolatière, et que la mousse soit bien épaisse. Alors votre punch sera cuit; vous le verserez dans des verres à punch et à rafraîchissements, et vous servirez tout de suite.

Si vous cessiez de remuer un seul instant, pendant que le punch zabaion est sur le feu, les œufs tourneraient, et le punch serait perdu. Observez aussi qu'il faut servir immédiatement; autrement, au bout de cinq minutes, la mousse tomberait et le punch perdrait toutes ses qualités; cette boisson n'étant qu'une mousse chaude.

On peut remplacer le rhum par toute espèce de vins de liqueur.

XII

DES FRUITS FINS GLACÉS AU CARAMEL.

QUARTIERS D'ORANGE GLACÉS AU CARAMEL.

Vous prendrez la quantité d'oranges qu'il vous faudra, les monderez et en séparerez les quartiers avec soin, et sans crever la fine pellicule qui renferme le suc. Vous dépouillerez ensuite chaque quartier de sa peau blanche; vous l'éplucherez et le rendrez transparent; puis vous le mettrez à l'extrémité d'une petite baguette d'osier, de quatre pouces de long, pointue par les deux bouts. Vous passerez la pointe de vos baguettes entre la peau fine et les cellules des quartiers d'orange, sans percer les vésicules qui renferment le suc du fruit. Aussitôt que vos quartiers seront placés au bout des baguettes d'osier, vous ferez cuire du sucre au grand cassé ou au caramel. Dès qu'il sera au degré voulu, vous ôterez le poêlon du feu et le poserez sur la cendre chaude, et laisserez reposer le sucre pendant trois minutes. Prenez ensuite un rameau de chaque main, trempez vos quartiers dans le sucre, de manière à les envelopper complétement; laissez-les égoutter, et posez-les sur une plaque que vous aurez préalablement enduite de beurre fin. Quand tous vos quartiers seront froids, enlevez les rameaux; coupez avec des ciseaux les fils de sucre qui pendent autour des morceaux d'orange, placez chaque quartier sur un papier découpé en forme

DES FRUITS FINS GLACÉS AU CARAMEL.

de feuille, et, si vous ne les servez sur-le-champ, mettez les quartiers à l'étuve jusqu'au moment de servir.

Vous pouvez glacer ainsi toutes sortes de fruits fins, tels que cerises, reines-Claude, raisins et groseilles en grappe, mirabelles, etc. Pour ces fruits, on n'a pas besoin de rameaux d'osier, on les prend par la queue et on les trempe dans le sucre, pour les poser ensuite sur des plaques graissées de beurre fin.

Dans l'hiver, à défaut de fruits frais, on se sert de fruits à l'eau-de-vie ou confits au sucre. Alors on les fait sécher à l'étuve avant de les tremper dans le sucre. On peut se servir aussi de fruits conservés dans des bouteilles, en les faisant aussi sécher avant de les tremper dans le sucre.

MARRONS GLACÉS AU CARAMEL.

Prenez de beaux marrons de Lyon, mettez-les dans une poêle percée de trous, et posez-la sur un feu doux; quand ils seront grillés, vous les dépouillerez de leur écorce, et mettrez chaque marron au bout d'un rameau; trempez-les dans du sucre cuit au caramel ou au grand cassé, et procédez comme ci-dessus.

XIII

DES GATEAUX EN SUCRE SOUFFLÉ.

GATEAUX EN SUCRE SOUFFLÉ A LA VIOLETTE.

Mettez dans un poêlon d'office une livre de sucre raffiné; clarifiez-le, ajoutez-y trois onces de violettes bien épluchées et faites-le cuire à la grande plume; retirez-le du feu, et mettez dedans un demi blanc d'œuf battu en neige, mêlé avec quatre onces de sucre blanc en poudre. Remuez en même temps le tout avec une spatule de bois, jusqu'à ce que le sucre soit monté à moitié du poêlon. Attendez ensuite que le sucre soit retombé, et recommencez à remuer lestement avec votre spatule, pour le faire monter encore une fois; versez-le aussitôt dans des moules ou de petites caisses de papier légèrement graissées de bonne huile d'olive. Servez vos gâteaux dès qu'ils seront secs.

Au lieu de blancs d'œufs fouettés en neige, vous pouvez vous servir de la glace royale. (Voy. cet article.)

GATEAUX DE FLEURS D'ORANGER.

Ces gâteaux se préparent comme les précédents, en substituant à la violette de la fleur d'oranger.

GATEAUX DE JASMIN ET A LA ROSE.

Même recette que pour les précédents, en substituant à la violette des fleurs de jasmin ou de roses.

GATEAUX DE PISTACHES.

Jetez de l'eau chaude sur une demi-livre de pistaches, pour les monder de la pellicule qui les recouvre; mettez-les ensuite dans un mortier de marbre, avec une once de gomme arabique, que vous aurez au préalable fait fondre dans un peu d'eau. Pilez le tout, jusqu'à ce que les pistaches soient réduites en pâte fine. Mêlez à cette pâte une livre de sucre raffiné, et continuez à piler.

Quand le tout est bien amalgamé et réduit en pâte maniable, sans être trop molle, mettez-la sur une table saupoudrée de sucre et dressez vos petits gâteaux sur des feuilles de papier ; donnez-leur la forme que vous voudrez; posez les feuilles de papier sur des planchettes, et faites cuire les gâteaux au four doux, ou sous un four de campagne.

Les gâteaux d'avelines se préparent de même.

GATEAUX D'AMANDES.

Ces gâteaux se préparent de même, mais on y ajoute un peu d'eau de fleur d'orange.

AMANDES GLACÉES A LA ROYALE.

Jetez de l'eau bouillante sur une demi-livre d'amandes douces, pour les monder; faites-les sécher dans un four doux. Mettez dans une petite terrine six onces de sucre blanc en poudre tamisé avec soin, avec un blanc d'œuf et un peu de couleur verte. Remuez le tout pendant quelques minutes ; prenez ensuite vos amandes, en ayant soin qu'elles soient bien sèches, et roulez-les dans votre mélange. Posez-les sur du papier trois par trois, en leur donnant la forme d'une étoile. Faites-les sécher au four doux. Quand elles seront bien sèches, laissez-les refroidir ; détachez-les du papier, et mettez-les dans un lieu sec, jusqu'au moment de servir.

Les avelines et les pistaches glacées à la royale se préparent de même.

DIABLOTINS.

Prenez une demi-livre de bon chocolat à la vanille, et mettez-le sur une tôle. Placez-le à la bouche du four pour l'amollir, et le rendre maniable. Mêlez à ce chocolat une cuillerée à bouche de bonne huile d'amande douce ; maniez ce mélange avec les mains pendant quelques minutes ; et faites-en des boulettes de la grosseur d'une noisette ; dressez-les sur des feuilles d'office, à une certaine distance les unes des autres. Quand votre feuille sera remplie, frappez-la légèrement sur la table, pour aplatir les diablotins, et faites-les sécher à l'étuve. Aussitôt qu'ils seront secs, enveloppez-les dans des papillotes de différentes couleurs.

Pour les diablotins aux pistaches, on place une pistache au centre de chaque boulette de chocolat. Jetez vos diablotins au fur et à mesure dans une assiette de nonpareille : enveloppez-les d'une couche égale de nonpareille ; faites-les sécher sur un tamis, et entourez-les de papillotes.

XIV

PRALINAGE ET SUCRE CANDI.

FLEURS D'ORANGE PRALINÉES.

Epluchez des fleurs d'oranger blanches et fraîches, et jetez-les à mesure dans de l'eau ; remuez-les dans l'eau, pour qu'elles ne se plissent pas et conservent toute leur largeur. Mettez-les sur un tamis pour les faire égoutter, clarifiez du sucre raffiné, et faites-le cuire à la petite plume. Mettez-y vos fleurs d'oranger, et faites-leur prendre douze à quinze bouillons. Retirez la bassine du feu; tirez-en les fleurs d'oranger avec une écumoire, et mettez-les sur le sucre blanc en poudre. Roulez les fleurs d'oranger dans ce sucre, et frottez-les avec les mains pour les faire sécher. Dès qu'elles sont recouvertes de sucre, on les met à l'étuve pendant trois ou quatre heures. Ensuite vous les tamisez pour retirer le sucre qui n'est pas adhérent aux fleurs, et vous les faites de nouveau sécher à l'étuve. Elles se conservent dans des pots de verre bien bouchés à l'abri de l'humidité.

AUTRE MÉTHODE.

Prenez une demi-livre de fleurs d'oranger, fraîches et épluchées. Jetez-les dans l'eau fraîche ; maniez-les et faites égoutter. Faites cuire à la petite plume une livre de sucre blanc clarifié, mettez-y les fleurs d'oranger, et remuez-les avec une spatule de bois, jusqu'à ce que toute l'humidité des fleurs ait disparu, et que le sucre soit revenu à la petite plume. Retirez la bassine du feu, et continuez à remuer avec la spatule jusqu'à ce que le sucre se réduise en poudre, et que les fleurs d'oranger soient enveloppées de tous côtés. Etendez-les sur des tôles recouvertes de papier, et faites-les sécher à l'étuve. Tamisez pour séparer le sucre qui n'adhère pas, et versez les fleurs d'oranger dans des boîtes.

AMANDES PRALINÉES.

Prenez une livre d'amandes douces, à peau fine ; placez-les dans un linge, et frottez-les légèrement pour en ôter la poussière. Mettez une livre de sucre dans un poêlon d'office, avec quatre onces d'eau de fontaine, un peu de carmin, et posez-les sur le feu pour le faire partir. Jetez-y les amandes aussitôt que le sucre sera près de bouillir ; retirez la bassine du feu, et remuez rapidement avec une spatule de bois, jusqu'à ce que les amandes aient absorbé tout le sucre. Si le sucre ne sèche pas, approchez le poêlon du coin du fourneau, en remuant toujours avec la spatule. Quand vos pralines seront desséchées, aromatisez-les avec de l'eau de fleur d'orange, de l'eau de rose ou de cédrat ; faites-les sécher de nouveau ; mettez-les sur des tôles recouvertes de feuilles de papier ; séparez celles qui se tiennent, et placez-les dans un endroit sec, pour vous en servir au besoin.

AUTRE MÉTHODE.

Prenez une livre d'amandes, et ôtez-en la poussière. Mettez dans un poêlon d'office une livre de sucre avec une demi-chopine d'eau et un peu de carmin. Faites cuire le sucre au gros boulé sans écumer; puis retirez le poêlon du feu et remuez avec une spatule de bois, pendant trois minutes. Au bout de ce temps, mettez vos amandes dans le sucre et retournez-les avec la spatule, jusqu'à ce qu'elles aient pris tout le sucre. Approchez de temps en temps le poêlon du feu, pour faire sécher le sucre adhérent aux amandes; aromatisez et procédez comme dans la recette précédente.

Les pistaches pralinées se préparent de même, ainsi que les avelines; mais, pour celles-ci, on met une livre de sucre par livre de fruits mondés de leur coque.

SUCRE CANDI.

Clarifiez du sucre raffiné et faites-le cuire au soufflé. Versez-le dans des terrines de faïence vernissées, à l'intérieur desquelles vous aurez collé des fils en travers. Placez ces terrines dans l'étuve, à une chaleur égale et modérée. Au bout de quinze heures, faites un trou à la croûte qui se forme à la surface du sucre, et égouttez tout le sirop qui se trouve dessous. Remettez les terrines à l'étuve, pour faire sécher entièrement le candi; puis trempez la partie inférieure des terrines dans l'eau chaude, pour détacher le candi; faites-le sécher à l'étuve, et conservez-le à l'abri de l'humidité.

Quand votre sucre est cuit et près d'être versé dans la terrine, vous pouvez lui communiquer à volonté l'arome de fleur d'oranger, de rose, de bergamotte, etc. Alors, pour cinq livres de sucre vous ajouterez la valeur de trois petits verres d'esprit de vin aromatisé.

S'il s'agit de faire candir des fruits confits au sucre ou du pastillage, vous ne les tiendrez dans le sucre que six heures et vous égoutterez ensuite le sirop.

VIOLETTES EN BOUQUETS.

Prenez de belles violettes avec leurs queues; formez-en des bouquets en en mettant cinq ou six ensemble, puis trempez ces bouquets dans du sucre cuit au gros boulé et à demi froid. Faites-les égoutter et posez-les à mesure sur des feuilles d'office légèrement graissées. Faites-les sécher; enveloppez les queues dans du papier découpé, et servez.

CANDI A LA VIOLETTE.

Prenez quatre onces de violettes cultivées, épluchez-les avec soin; clarifiez deux livres de sucre raffiné, et faites-le cuire au soufflé. Quand il aura obtenu le degré voulu, versez-le dans une terrine vernissée. Aussitôt qu'il sera à moitié froid, jetez-y la violette, que vous y enfoncerez légèrement avec une fourchette; puis mettez ce candi à l'étuve, à une chaleur modérée, pendant vingt-quatre heures. Au bout de ce temps, vous briserez la croûte qui se sera formée à la surface du sucre, et vous égoutterez tout le sirop qui est dessous. Vous remettrez la terrine à l'étuve, pour faire sécher, en redoublant la chaleur de l'étuve, et en inclinant la terrine de manière à égoutter tout le sirop. Au bout de douze heures, sortez le candi de la terrine, et remettez-le à l'étuve pendant cinq ou six heures. Vous le conserverez dans un endroit sec.

SUCRE EN TORTILLONS.

Clarifiez deux livres de sucre raffiné, puis ajoutez-y trois cuillerées à bouche de gelée de pomme, et le jus d'un demi-citron ou bien une cuillerée à bouche de vinaigre. Faites cuire ce sucre au grand cassé; on peut l'aromatiser avec quelques gouttes d'essence de vanille. Versez votre sucre sur un marbre légèrement huilé, et au moment où il commence à refroidir, travaillez-le avec les mains, en l'étendant et en le repliant sur lui-même; continuez jusqu'à ce qu'il soit d'une couleur blanche et argentine. Vous en formez des rubans, qu'une autre personne coupe et met en tortillons. Ce travail doit être fait vivement, car le sucre, quand il est froid, cesse d'être malléable.

XV

DU PETIT FOUR.

GLACE ROYALE.

Vous mettrez dans une petite terrine six onces de sucre blanc en poudre bien tamisé, et un blanc d'œuf; vous remuerez le tout avec une cuiller de bois pendant un quart d'heure en ajoutant de temps à autre un peu de jus de citron. Si cette pâte était trop claire, vous y mettriez un peu de sucre en poudre ; si au contraire elle était trop épaisse, il faudrait y mettre un peu de blanc d'œuf, afin qu'elle ait la consistance un peu plus épaisse d'une pâte à frire. Vous pouvez colorer cette glace de la couleur que vous voudrez, en vous servant des couleurs dont nous avons donné la recette au commencement de cet ouvrage. (Voir cet article.) Lorsque vous aurez à glacer des biscuits, ou toutes autres sortes de petit four, au rhum, au kirsch-wasser ou à toute autre couleur, vous mettrez dans une petite terrine six onces de sucre blanc en poudre avec un demi-blanc d'œuf et un petit verre de la liqueur que vous voudrez ; vous remuerez le tout avec une cuiller de bois, comme nous venons de voir, mais vous n'y mettrez pas de citron.

GLACE ROYALE AU CHOCOLAT.

Vous râperez quatre onces de bon chocolat; vous le mettrez dans une casserole, et vous le ferez fondre au bain-marie; n'y mettez point d'eau. Lorsqu'il sera fondu, vous le mettrez dans une petite terrine avec trois onces de sucre blanc en poudre et un demi-blanc d'œuf; vous remuerez avec une cuiller de bois jusqu'à ce que le tout soit bien mêlé et que la pâte soit bien lisse : après quoi vous vous en servirez pour glacer votre petit four.

BISCUIT DE SAVOIE.

Prenez les jaunes de quatorze œufs, une livre de de sucre blanc en poudre tamisé, deux gros d'eau de fleur d'orange, la râpure d'un citron, une demi-livre de fleur de farine et les blancs de seize œufs.

Mettez dans une terrine les jaunes d'œufs, le sucre, l'eau de fleur d'orange et la râpure du citron. Remuez le tout avec une cuiller de bois pendant un quart d'heure, pour que toutes ces substances se mêlent bien, et que les jaunes d'œufs soient à moitié blanchis. Ajoutez peu à peu la farine, en remuant toujours avec la cuiller de bois. Fouettez dans une autre terrine les blancs d'œufs jusqu'à ce qu'ils soient en neige. Mêlez ces blancs avec les jaunes; beurrez un moule bien étamé; saupoudrez-le de farine, et remplissez-le à moitié de votre composition; faites cuire ensuite au four modéré, pas trop chaud. Au bout de cinq quarts d'heure ou d'une heure et demie, retirez du four, pour ne sortir le biscuit du moule qu'une demi-heure après.

A défaut de four, on peut employer le four de campagne.

DU PETIT FOUR.

BISCUITS A LA CUILLER ORDINAIRES.

Prenez douze jaunes d'œufs, quinze blancs, douze onces de sucre blanc en poudre tamisé, deux cuillerées d'eau de fleur d'orange, dix onces de fleur de farine ; vous mettrez dans une terrine les jaunes d'œufs, le sucre et l'eau de fleur d'orange ; vous remuerez le tout avec une cuiller pendant vingt minutes pour faire blanchir les jaunes d'œufs à moitié. Pendant que vous travaillerez de votre côté, une autre personne fouettera séparément les blancs d'œufs en neige avec un petit balai d'osier. Vous verserez ensuite par-dessus votre mélange de jaunes d'œufs et de sucre, et vous remuerez doucement avec la cuiller pendant que l'autre personne tamisera au-dessus de votre composition la farine placée sur un tamis de soie.

Posez ensuite sur une table des feuilles de papier blanc ; mettez de votre composition dans un cornet à perler, et en pressant le cornet, faites-la sortir par l'ouverture inférieure qui devra être un peu large. Donnez à ces biscuits trois pouces de long sur un pouce de large ; à mesure que les feuilles sont garnies, on saupoudre les biscuits de sucre sans en répandre sur le papier, et on les met au four doux sur des plaques. Dès que les biscuits seront d'une belle couleur, défournez-les ; laissez-les refroidir et détachez-les.

A défaut de cornet à perler, on peut se servir d'une cuiller à bouche pour étendre les biscuits sur le papier. Ils doivent être à une certaine distance les uns des autres.

BISCUITS A LA CUILLER AU CHOCOLAT.

Ils se préparent de même que les précédents en substituant deux onces de chocolat râpé et tamisé à l'eau de fleur d'orange.

On peut couvrir ces biscuits, quand ils sont cuits et défournés, d'une glace royale au chocolat.

BISCUITS A LA CRÈME.

Battez sept blancs d'œufs en neige; quand ils seront bien fermes, mêlez-y dix onces de sucre blanc en poudre bien tamisé et une pinte de crème fouettée en neige. Remuez-le tout doucement avec une cuiller de bois. En même temps une autre personne tamisera au-dessus de votre appareil cinq onces de fleur de farine; ajoutez une cuillerée d'eau de fleur d'orange, et dressez comme les biscuits à la cuiller ou dans des moules. Faites cuire au four doux.

AUTRE MANIÈRE.

Mettez dans une terrine douze onces de sucre blanc en poudre, tamisé avec soin, huit jaunes d'œufs, quatre onces de fleur de farine et une cuillerée à bouche d'eau de fleur d'orange. Remuez le tout avec une cuiller de bois pendant dix minutes avec force et vitesse. Fouettez ensuite huit blancs d'œufs en neige et ajoutez-les à votre composition, ainsi qu'une demi-pinte de crème fouettée. Dressez sur des feuilles ou dans des caisses de papier, et faites cuire au four doux. Quand les biscuits seront d'une belle couleur, au bout de quinze à vingt minutes, défournez-les et laissez-les refroidir.

BISCUITS SOUFFLÉS.

Vous fouettez neuf blancs d'œufs en neige. Quand ils seront bien fermes, vous y mêlerez douze onces de sucre blanc en poudre bien tamisé, et trois onces de fleurs d'orange pralinées, que vous aurez préalablement pilées et passées au tamis. Quand le tout sera bien amalgamé, vous mettrez cet appareil dans de petites caisses en papier blanc, que vous ne remplirez qu'à moitié. Vous les saupoudrerez de sucre blanc, et les ferez cuire au four doux. Défournez et servez aussitôt qu'ils auront acquis une belle couleur.

BISCUITS SOUFFLÉS AUX PISTACHES.

La pâte étant préparée comme ci-dessus, prenez six onces de pistaches, que vous monderez en les jetant dans de l'eau chaude. Essuyez-les avec un linge; coupez-en la moitié par petits filets, et hachez l'autre bien menu. Mêlez la première moitié coupée en filet, avec la pâte; remplissez-en des caisses à moitié, et saupoudrez-les de sucre et de pistaches hachées. Faites cuire au four doux.

BISCUITS A LA VÉNITIENNE.

Mettez dans un mortier de marbre les zestes d'un citron, les zestes d'une orange, une once de cédrat confit, autant d'ananas et deux cuillerées à bouche de marmelade d'abricots. Pilez le tout en une pâte bien fine que vous passerez à travers un tamis;

pressez le mélange sur le tamis avec une cuiller de bois, jusqu'à ce que rien n'y reste. Ramassez votre pâte, et mettez-la dans une terrine avec six jaunes d'œufs, et une demi-livre de sucre blanc en poudre. Remuez le tout avec une cuiller de bois, pendant huit minutes. Ajoutez ensuite huit blancs d'œufs fouettés en neige. Dressez vos biscuits en leur donnant une forme circulaire sur des feuilles de papier, et faites cuire au four doux. Quand ils sont cuits, laissez les biscuits refroidir ; puis enlevez-les, et glacez à la glace royale le côté qui était posé sur le papier. Faites sécher vos biscuits au four et conservez-les à l'abri de l'humidité.

BISCUITS A LA SAINT-CLOUD.

Faites cuire une demi-livre de sucre au soufflé, et ajoutez-y une demi-livre de fleur de farine. Tournez ce mélange avec une cuiller de bois, pendant cinq ou dix minutes, en ayant soin de retirer la bassine du feu. Vous mettez cette pâte dans un mortier de marbre avec deux œufs frais et une cuillerée d'eau de fleur d'orange. Pilez pendant dix minutes ; mettez la pâte sur une table et maniez-la cinq ou six minutes, en la saupoudrant de temps en temps d'un peu de farine mêlée avec du sucre en poudre. Faites de la pâte une abaisse de l'épaisseur de quatre lignes; coupez-la avec un coupe-pâte; posez sur des feuilles d'office les morceaux auxquels vous pourrez donner différentes formes, et faites cuire au four modéré.

A défaut de four on emploiera le four de campagne.

BISCUITS A LA GÉNÉRALE.

Mondez, en les jetant dans l'eau chaude, une demi-livre d'amandes douces et une once d'amandes amères. Pilez-les dans un mortier de marbre, en ajoutant de temps en temps un peu de blanc d'œuf pour les empêcher de tourner. Lorsqu'elles sont réduites en pâte, mettez-y deux livres de sucre blanc en poudre, et continuez à piler jusqu'à ce que la pâte soit maniable. Si elle était trop ferme, vous y verseriez un blanc d'œuf de plus. Mettez cette pâte dans une seringue, faites la passer par l'ouverture inférieure, et donnez à vos biscuits la forme que vous voudrez en les dressant sur des feuilles d'office que vous aurez légèrement graissées de beurre frais. Faites cuire au four doux ou au four de campagne, en plaçant les feuilles sur de la cendre chaude.

BISCUITS PROVENÇAUX.

Mondez et pilez, comme ci-dessus, quatre onces d'amandes douces et deux onces d'amandes amères, en ajoutant par intervalles un peu d'eau de fleurs d'orange. Mettez la pâte dans une terrine avec douze jaunes d'œufs frais, dix onces de sucre en poudre tamisé, deux onces de fleurs d'orange pralinées en poudre, et la râpure de l'écorce d'un cédrat. Remuez le tout avec une cuiller de bois et travaillez-le pendant un quart d'heure. Fouettez dans une autre terrine douze blancs d'œufs, et dès qu'ils seront en neige, mêlez-les à votre composition. Beurrez des moules en fer-blanc et versez-y cette pâte; faites cuire au four modéré. Quand les biscuits seront défournés, froids et retirés des moules, glacez-les avec la glace suivante :

Mettez dans une petite terrine un blanc d'œuf, cinq onces de sucre blanc en poudre et un verre de rhum; faites une pâte bien unie, glacez les biscuits sur toutes les faces, et faites-les sécher au four pendant quelques minutes, pour les déposer ensuite dans un endroit sec.

BISCUITS DE MARRONS.

Vous prendrez vingt-cinq marrons dont vous enlèverez la première écorce, vous les jeterez dans de l'eau bouillante pour les faire cuire jusqu'à ce que la tête d'une épingle puisse les traverser facilement; vous les retirerez alors du feu, vous leur ôterez la seconde peau et vous les mettrez sur un tamis pour les faire égoutter. Vous les pilerez ensuite dans un mortier de marbre en les arrosant de temps à autre avec un peu de blanc d'œuf. Quand ils seront réduits en pâte bien fine, vous les mettrez dans une terrine avec une demi-livre de sucre blanc en poudre. Vous entremêlerez bien ces deux substances avec une spatule de bois; puis vous fouetterez quatre blancs d'œufs en neige, et vous les mêlerez avec votre appareil; vous y ajouterez une cuillerée d'eau de fleur d'orange, et lorsque le tout sera bien mêlé, vous dresserez vos biscuits en long ou en rond sur des feuilles de papier; vous placerez ensuite vos feuilles sur des tôles et vous ferez cuire au four doux. Quand vos biscuits seront de belle couleur, vous les défournerez, mais vous ne les détacherez du papier que lorsqu'ils seront froids.

XVI

DES MACARONS ET DES MASSEPAINS.

MACARONS DE HOLLANDE.

Jetez une livre d'amandes douces dans de l'eau bouillante; mondez-les, et pilez-les en y ajoutant par intervalles un peu de blanc d'œuf; mettez la pâte dans une terrine avec une livre de sucre en poudre, et deux cuillerées d'eau de fleur d'orange; fouettez quatre blancs d'œufs en neige bien ferme, et mêlez-les à la pâte d'amandes et au sucre, en remuant avec une cuiller de bois. Formez des boulettes de la grosseur d'une noisette, et posez-les sur des feuilles de papier, à quelque distance les unes des autres. Faites cuire au four perdu ou au four de campagne. Vous pouvez glacer d'une glace royale.

MACARONS SOUFFLÉS.

Coupez par filets et faites sécher des amandes mondées; puis mettez-les dans une terrine avec un demi-blanc d'œuf et trois onces de sucre en poudre; remuez le tout pendant quelques minutes, et versez-le sur une plaque pour le faire sécher de nouveau. Fouettez en neige deux blancs d'œufs, et mêlez-y une demi-livre de sucre blanc en poudre; ajoutez-y vos amandes bien sèches. Mouillez-vous les mains avec de l'eau fraîche, prenez gros comme une noix de cette pâte; roulez-la entre la paume de vos mains pour l'arrondir, et posez-la sur une feuille de papier; vous continuerez ainsi jusqu'à emploi total de la pâte; vous placerez ces tablettes à une certaine distance les unes des autres; vous poserez les papiers sur des tôles, et les enfournerez au four doux. Au bout de dix à quinze minutes, vous sortirez les macarons du four, pourvu qu'ils soient d'une belle couleur.

Les macarons soufflés aux pistaches et aux avelines se préparent de même.

MACARONS DE BERLIN.

Vous jetterez de l'eau bouillante sur une demi-livre d'amandes douces; vous les monderez et les pilerez dans un mortier de marbre en ajoutant un blanc d'œuf. Vos amandes étant pilées, vous les mettrez dans une terrine avec deux onces de farine de riz, une demi-livre de sucre blanc en poudre et trois blancs d'œufs; remuez bien le tout avec une cuiller de bois pendant un quart d'heure; ensuite vous en ferez de petites boules de la grosseur d'une noix; vous les placerez sur des feuilles de papier à un pouce de distance les unes des autres, et vous les ferez cuire au four doux, ou sous un four de campagne. Quand vos macarons seront cuits, vous les glacerez avec une glace royale et vous les ferez ensuite sécher au four.

MASSEPAINS A LA DUCHESSE.

Vous monderez douze onces d'amandes douces en les jetant dans de l'eau chaude; vous les pilerez ensuite dans un mortier de marbre, en les arrosant de temps à autre avec un peu de blanc d'œuf.

Quand elles seront réduites en pâte fine, vous les mettrez dans une demi-livre de sucre blanc cuit au soufflé; vous travaillerez bien ce mélange pendant quelques minutes, et lorsque vous verrez que la pâte se détache de la bassine et devient compacte, vous la sortirez de la bassine et vous la travaillerez sur une table pendant quelques minutes, en la saupoudrant de sucre de temps à autre. Vous la couperez ensuite par morceaux et vous en formerez des boulettes que vous laisserez reposer un instant pour en faire des massepains de la forme que vous voudrez. Vous n'aurez plus alors qu'à les poser sur des plaques et les faire cuire au four gai.

MASSEPAINS AU CHOCOLAT.

Lorsque vous aurez jeté de l'eau bouillante sur une demi-livre d'amandes douces, vous les monderez, puis vous les pilerez dans un mortier de marbre, en ajoutant de temps à autre un peu de blanc d'œuf, pour que les amandes ne se tournent point en huile. Quand elles seront à moitié pilées, vous y ajouterez deux onces de bon chocolat, et vous continuerez à piler ce mélange jusqu'à ce que le tout soit réduit en pâte bien fine. Vous ferez alors cuire une livre de sucre raffiné au soufflé (voir cet article), et dès qu'il aura atteint cette cuisson, vous y mêlerez votre pâte d'amandes; vous la remuerez bien encore avec une cuiller de bois, et vous la laisserez dessécher sur le feu pendant quelques minutes; puis vous la mettrez sur une table, vous la manierez un peu. Si elle était trop ferme, vous y ajouteriez un blanc d'œuf: vous ferez ensuite des abaisses de l'épaisseur de quatre lignes, que vous couperez avec des emporte-pièce en fer-blanc de la forme que vous voudrez. Cela fait, vous les placerez sur des feuilles d'office et les ferez cuire au four doux, ou sous un four de campagne, en posant la feuille sur de la cendre chaude.

MASSEPAINS A L P RTUGAISE.

Après avoir mondé une demi-livre d'amandes douces, comme nous venons de le dire pour les recettes précédentes, vous les pilerez dans un mortier de marbre en ajoutant un blanc d'œuf. Quand les amandes seront à moitié pilées, vous y ajouterez une livre de sucre raffiné en poudre et deux onces d'écorces d'oranges confites. Vous continuerez à piler ce mélange jusqu'à ce qu'il soit réduit en pâte molle et maniable, et vous y ajouterez de temps à autre un peu de blanc d'œuf; puis vous mettrez cette pâte sur une table, vous la saupoudrerez de sucre; vous en ferez des abaisses de quatre lignes d'épaisseur que vous couperez avec un emporte-pièce en fer-blanc. Cela fait, vous placerez vos massepains sur des feuilles d'office et vous les ferez cuire au four doux.

MASSEPAINS ORIENTAUX.

Après avoir mondé une demi-livre d'amandes douces, vous les pilerez dans un mortier de marbre, vous y ajouterez de temps en temps un peu de blanc d'œuf, et lorsqu'elles seront réduites à une pâte bien fine, vous la mettrez sur une table avec une livre de sucre blanc en poudre, deux onces de cédrat confit, coupé en petits dés, et quatre onces de raisin de Malaga, que vous aurez coupé en petits filets, après en avoir ôté les pepins. Vous ajouterez un blanc d'œuf à ce mélange, et vous pétrirez le tout pour en former une pâte homogène. Ensuite vous en ferez des abaisses de quatre ou cinq lignes d'épaisseur que vous couperez avec un emporte-pièce en forme d'étoile, vous les poserez sur des feuilles d'office et vous les ferez cuire au four doux. Quand vos massepains seront cuits, vous les défournerez, les glacerez à la surface avec une glace royale (voyez cet article), et vous les ferez sécher à la bouche du four.

MASSEPAINS DE PISTACHES.

Vous monderez une demi-livre de pistaches en les jetant dans de l'eau chaude; puis vous les pilerez dans un mortier de marbre, en y ajoutant de temps en temps un peu de fleur d'orange. Ensuite vous clarifierez et ferez cuire à la grande plume une livre de sucre raffiné; vous y mettrez votre pâte de pistaches; vous remuerez le tout avec une cuiller de bois, et ferez bien dessécher cette pâte. Lorsqu'elle ne tiendra plus à la bassine, vous la retirerez du feu, la mettrez sur une table et la saupoudrerez de sucre; vous en ferez une abaisse de l'épaisseur de trois lignes, que vous couperez avec des emporte-pièce de toutes formes; vous les mettrez sur des feuilles d'office légèrement enduites de beurre ou de cire vierge, et ferez cuire au four doux.

XVII

PETITS SOUFFLÉS ET IMITATIONS DE FRUITS.

PETITS SOUFFLÉS D'AFRIQUE.

Vous prendrez une demi-livre de pistaches, vous les jetterez dans de l'eau chaude pour les monder de la peau qui les recouvre; vous les couperez ensuite par filets, et vous les essuierez bien avec un linge. Vous mettrez les pistaches ainsi coupées dans une terrine, avec douze onces de sucre blanc en poudre, deux blancs d'œufs et une cuillerée d'eau de fleur d'orange. Vous remuerez bien le tout avec une cuiller de bois pour en faire une pâte bien ferme que vous mettrez ensuite sur une table de marbre ou toute autre. Saupoudrez votre pâte avec du sucre, ramassez-la bien et formez-en de petites boules de la grosseur d'une noix, que vous poserez au fur et à mesure sur des feuilles d'office enduites de cire vierge, ou de beurre, ou d'huile; après quoi vous les ferez cuire au four doux sans leur faire prendre couleur. Aussitôt qu'elles seront cuites, vous les défournerez, vous les détacherez des plaques et vous les déposerez dans un endroit sec.

PETITS SOUFFLÉS A LA SICILIENNE.

Vous mettrez dans une terrine deux blancs d'œufs, douze onces de sucre blanc en poudre et la râpure d'une orange. Travaillez le tout avec une cuiller de bois pour en faire une pâte bien ferme que vous mettrez ensuite sur une table saupoudrée de sucre. Travaillez encore cette pâte pendant quelques minutes; après quoi vous en ferez des abaisses de l'épaisseur d'une ligne et demie, que vous couperez avec un emporte-pièce rond et que vous placerez sur des feuilles d'office. Vous mouillerez légèrement la surface avec une plume trempée dans l'eau, et vous mettrez sur chacune des abaisses trois ou quatre petits filets de cédrat confit au sucre; vous mettrez une autre petite abaisse ronde par-dessus, et vous ferez cuire au four très-doux. Quand vos soufflés seront cuits, vous les défournerez, vous les glacerez avec une glace royale verte, et vous les ferez sécher à la bouche du four.

PETITS SOUFFLÉS A L'ANGLAISE.

Vous mettrez dans une terrine une livre de sucre blanc en poudre, trois blancs d'œufs, deux onces de farine de riz, trois onces de gimgembre confit au sucre et haché bien fin, et enfin un petit verre de rhum. Vous remuerez le tout avec une cuiller de bois pour en former une pâte lisse et un peu molle. Ensuite vous dresserez vos soufflés sur des feuilles d'office enduites de cire vierge ou de beurre bien frais, en leur donnant trois pouces de long sur un demi-pouce de large. Vous les ferez cuire au four doux, et quand ils seront cuits, vous les défournerez, vous les détacherez des feuilles, vous les glacerez avec une glace royale, et vous les ferez sécher à la bouche du four.

9.

PETITES GUIRLANDES PRINTANIÈRES.

Vous fouetterez trois blancs d'œufs en neige; quand ils seront bien fermes, vous y mêlerez huit onces de sucre blanc en poudre bien fine, et une cuillerée à café d'eau de fleur d'orange. Le tout étant bien mêlé, vous mettrez cette pâte dans un cornet à perler ou dans une seringue; vous dresserez des couronnes d'un pouce et demi de diamètre sur des feuilles d'office légèrement enduites de cire vierge ou de beurre; vous mettrez sur vos couronnes, en forme de feuilles, des moitiés de pistaches que vous aurez préalablement mondées. Comme nous l'avons indiqué pour les soufflés d'Afrique (voyez cet article), vous mettrez entre chaque moitié de pistache formant les deux feuilles, et un petit tas de nonpareille. Cela fait, vous les ferez cuire au four très-doux et presque froid, sans leur faire prendre couleur. Lorsque vos guirlandes seront cuites, vous les défournerez et vous les détacherez doucement pour les poser dans un endroit sec.

IMITATION DU RAISIN.

Vous fouetterez en neige quatre blancs d'œufs; quand ils seront bien fermes, vous les mêlerez avec douze onces de sucre blanc en poudre, une cuillerée à bouche d'esprit-de-vin et un peu de couleur bleue. (Voyez cet article.) Vous remuerez bien le tout avec une cuiller de bois, mais doucement. Tout étant bien mêlé, vous mettrez cet appareil dans un cornet

ET IMITATIONS DE FRUITS. 105

à perler et vous formerez des grains de raisin sur des feuilles de papier; c'est-à-dire vous presserez le cornet et vous ferez sortir la pâte par l'ouverture inférieure pour la faire tomber sur des feuilles de papier. Aussitôt qu'il en sera sorti gros comme un grain de raisin, vous retirerez le cornet brusquement; vous formerez un autre grain à côté du premier, et vous continuerez ainsi jusqu'à ce que vous ayez fait cinq grains, dont les quatre premiers formeront un carré, en se trouvant contigus les uns aux autres, tandis que le cinquième, comme le dernier, se trouvera au bout.

Vous ferez ensuite deux autres grains par-dessus les cinq qui, réunis ensemble, formeront la grappe de raisin. Vous continuerez ainsi jusqu'à ce que tout votre appareil soit employé; puis, vous mettrez les feuilles de papier contenant vos grappes sur des planches, et vous les enfournerez au four très-doux, et presque froid. Lorsqu'elles seront cuites, vous les défournerez pour les faire refroidir; vous les retirerez de dessus le papier avec un couteau d'office; des filets d'angélique figureront les queues de grappes. A défaut de cornet à perler, on peut se servir d'une seringue.

IMITATION DES ABRICOTS, PRUNES, PÊCHES, ET POMMES.

Vous fouetterez six blancs d'œufs en neige; quand ils seront bien formés, vous les mêlerez avec une livre de sucre blanc en poudre bien tamisé et un peu de couleur jaune. (Voyez cet article.) Lorsque votre appareil sera bien mêlé, vous prendrez une petite cuiller à café, et vous formerez sur des feuilles de papier des moitiés d'abricots.

Vous mettrez ces feuilles sur des planches, et vous les ferez cuire au four doux, et presque froid. Quand elles seront cuites, vous les défournerez, et, après les avoir laissées refroidir, vous les détacherez et vous les souderez deux par deux, avec du sucre cuit à la nappe; des filets d'angélique en figureront la queue.

Les prunes se font de la même manière, excepté que l'on substitue du vert au jaune. Il en est de même des pêches et des pommes. Pour ce qui concerne les couleurs. (Voyez cet article).

XVIII

DES GAUFRES, CROQUANTS, TOURONS ET MERINGUES.

GAUFRES A L'ITALIENNE.

Vous mettrez dans une terrine une demi-livre de sucre blanc en poudre, trois cuillerées à bouche d'huile d'olive, une once de beurre fondu, la râpure d'une orange, quatre jaunes d'œufs, un œuf entier, six onces de fleur de farine, deux petits verres d'esprit-de-vin et un demi-verre d'eau de fontaine. Vous remuerez le tout avec une cuiller de bois pendant quelques minutes, jusqu'à ce que ce mélange forme une pâte bien lisse et bien unie, sans être ni trop claire ni trop épaisse, et ayant tout à fait la consistance d'une pâte à frire. La pâte étant prête, vous ferez chauffer un fer plat et uni, dit *fer à plaisir*, que vous beurrerez bien, mais une première fois seulement. Vous y coulerez un peu de votre pâte, vous fermerez le fer, et vous ferez cuire comme on fait cuire les plaisirs ou les gaufres ordinaires. Lorsque votre gaufre sera cuite, vous la roulerez, en sortant du fer, sur un morceau de bois en forme de petit rouleau, d'un pouce et demi de diamètre, et vous continuerez ainsi jusqu'à ce que vous n'ayez plus de pâte. Vos gaufres étant faites, vous les mettez à l'étuve, pour vous en servir au besoin.

GAUFRES A LA PORTUGAISE.

Vous mettrez dans une petite terrine quatre onces de farine, quatre onces de sucre en poudre, deux œufs frais, blancs et jaunes; vous remuerez le tout avec une cuiller de bois, en versant par-dessus, peu à peu, un verre de vin de Malaga ou d'Alicante. Vous donnerez à cette pâte la même consistance qu'à celle des gaufres à l'italienne, et ferez cuire de même.

PATE A LA BAVIÈRE.

Vous fouetterez huit blancs d'œufs en neige; quand ils seront bien fermes, vous y mêlerez dix onces de sucre en poudre bien tamisé. Vous y ajouterez une cuillerée à bouche de bon rhum, et vous mettrez ce mélange dans une bassine que vous placerez sur un feu doux. Vous remuerez cette pâte avec une cuiller de bois; lorsqu'elle sera desséchée de moitié, vous retirerez la bassine du feu, et vous dresserez votre pâte sur des feuilles de papier en faisant de petites boules de la grosseur d'une noix, que vous ferez cuire au four doux. Lorsqu'elles seront bien cuites, vous les ferez refroidir, pour les enlever de dessus le papier.

CROQUANTS DU NORD.

Faites cuire dix onces de sucre raffiné à la plume sans le clarifier; versez-le, quand il aura atteint ce degré de cuisson, dans un mortier de marbre; puis, quand il sera presque moitié refroidi, vous y mêlerez douze onces de farine bien tamisée, un gros de cannelle de Ceylan en poudre et cinq œufs frais. Vous pilerez le tout pendant un quart d'heure; vous mettrez ensuite cette pâte sur une table, que vous saupoudrerez de sucre, et vous en ferez de petites boules de la grosseur d'une noisette. Ces boules faites, vous les aplatirez légèrement; vous les passerez sur des feuilles d'office superficiellement graissées ou enduites de cire vierge, et vous les ferez cuire au four modéré.

CROQUANTS A LA DIABLE.

Vous mettrez sur une table douze onces de fleur de farine, vous y ferez un trou au milieu, et vous y mettrez une livre de sucre en poudre, quatre onces de cédrat confit au sucre, haché bien fin; une demi-livre de noix hachées bien fines, après les avoir préalablement cassées et épluchées : un gros de poivre blanc en poudre, cinq œufs entiers et deux petits verres d'eprit-de-vin. Vous rassemblerez la pâte, vous la travaillerez pendant quelques minutes, et vous en ferez un abaisse de l'épaisseur de quatre lignes, que vous couperez avec des emporte-pièce de différentes formes.

Posez vos croquants sur des tôles légèrement enduites de beurre, dorez-les avec de l'œuf mêlé avec de l'eau, et faites cuire au four gai.

PATE D'AMANDES CROQUANTE.

Vous jetterez de l'eau bouillante sur une livre d'amandes douces pour les monder de la peau qui les recouvre; puis vous les pilerez dans un mortier de marbre, en ajoutant de temps en temps un peu de blanc d'œuf. Quand elles seront bien pilées et réduites en pâte bien fine, vous mêlerez cette pâte avec une livre de sucre blanc en poudre; vous y ajouterez un blanc d'œuf, vous la mettrez dans une bassine et la poserez sur un feu doux. Après l'avoir remuée jusqu'à ce qu'elle soit un peu desséchée, vous la verserez sur une table de marbre, et vous la laisserez refroidir; vous en ferez une abaisse, vous la couperez avec des emporte-pièce de formes différentes, et vous ferez cuire au four doux.

TOURONS D'ESPAGNE.

Vous prendrez quatre onces d'amandes douces, et deux onces de pistaches; vous jetterez ces deux articles dans de l'eau chaude pour les monder de la pellicule qui les recouvre. Etant mondées, vous les sécherez avec un linge; vous clarifierez ensuite une livre de sucre raffiné et vous le ferez cuire à la grande plume. Lorsqu'il aura atteint cette cuisson, vous sortirez le poêlon du feu et vous jetterez dans le sucre vos amandes et vos pistaches; vous y ajouterez les zestes d'un citron vert, et vous remuerez le tout avec une cuiller de bois pendant huit ou dix minutes. Quand cet appareil sera moitié froid, vous y ajouterez un blanc d'œuf fouetté en neige, vous mêlerez le tout ensemble. Versez cet appareil sur des oublies, aplatissez-le et mettez des oublies par-dessus. Quand il sera froid, vous le couperez par tranches de trois pouces de long, sur un pouce de large, et vous le servirez. Ces tranches doivent avoir un pouce et demi d'épaisseur.

TOURONS ET MERINGUES.

MERINGUES A LA BELLEVUE.

Vous clarifierez dix onces de sucre raffiné et vous le ferez cuire au soufflé; quand il aura atteint ce degré de cuisson, vous y mettrez six blancs d'œufs fouettés en neige. Vous mêlerez bien le tout avec une spatule pendant quelques minutes, en tenant la bassine sur le bord du fourneau; vous dresserez vos meringues avec une cuiller à bouche sur des feuilles de papier de la grosseur d'un petit œuf de pigeon; puis vous mettrez par-dessus des pistaches coupées en filets, en faisant une petite guirlande dessus, et tout au tour de vos meringues. Il faut que tout ce travail soit fait vivement; vous mettrez vos feuilles sur des planches et vous ferez cuire au four doux. Il ne faut pas que les meringues prennent couleur. Quand elles seront cuites, vous les détournerez, vous les laisserez refroidir et vous les retirerez de dessus le papier avec un peu de blanc d'œuf que vous mettrez sur le côté. Vous les collerez ensemble deux par deux, pour que cela forme un œuf, et vous mettrez ce petit four dans un endroit sec, à l'abri de l'humidité.

XIX

MATIÈRES COLLÉES POUR LA PRÉPARATION DES GELÉES, BLANC-MANGER ET AUTRES.

DE LA PRÉPARATION DE LA COLLE DE POISSON ET DE LA GÉLATINE.

Vous prendrez une demi-livre de colle de poisson, vous la couperez par petits morceaux et vous la mettrez dans une casserole avec deux pintes d'eau filtrée. Vous poserez cette casserole sur un feu doux, vous ferez mijoter pendant une heure, et au bout de ce temps vous passerez cette colle à travers un tamis de soie ; ensuite vous mettrez dans une casserole trois blancs d'œufs et un jus de citron ; vous verserez votre colle par-dessus, vous poserez cette casserole sur un feu gai, et avec un petit balai d'osier, vous fouetterez la colle jusqu'à ce qu'elle commence à bouillir. Dès qu'elle aura donné un bouillon, vous la retirerez du feu et vous placerez la casserole sur le coin du fourneau ; vous la couvrirez et vous mettrez du feu sur le couvercle, en la laissant ainsi pendant une demi-heure. Au bout de ce temps vous passerez cette colle à travers une serviette bien serrée, sans la fouler ni presser ; après quoi vous la mettrez dans votre garde-manger, pour vous en servir au besoin. La gélatine se prépare de même ; vous pouvez supprimer le jus de citron en la clarifiant, si vous voulez.

MATIÈRES COLLÉES.

COLLE DE COUENNES DE PORC.

Vous prendrez deux livres de couennes de porc, et vous les laisserez tremper dans l'eau fraîche pendant vingt-quatre heures. Au bout de ce temps vous mettrez ces couennes dans une casserole avec six pintes d'eau de fontaine; vous les ferez cuire à petit feu pendant sept heures, et vous réduirez le mouillement à presque moitié. Cela fait, vous passerez cette colle à travers un tamis de soie et vous la laisserez refroidir. Lorsqu'elle sera froide, vous prendrez une cuiller à dresser, de cuisine, et vous ôterez toute la graisse qui se trouve à la surface de cette colle; ensuite vous mettrez dans une casserole cinq blancs d'œufs et le jus d'un citron; vous ferez fondre cette colle et vous la verserez par-dessus. Vous poserez cette casserole sur un feu gai, et avec un petit balai d'osier vous fouetterez votre colle jusqu'à ce qu'elle commence à bouillir. Lorsqu'elle aura donné un premier bouillon, vous la retirerez du feu, vous la placerez sur le coin du fourneau, vous la couvrirez et vous mettrez un peu de feu sur le couvercle. Vous la laisserez ainsi pendant une demi-heure; au bout de ce temps vous passerez cette colle à travers une serviette bien serrée, et vous n'aurez plus qu'à la poser dans un endroit sec, pour vous en servir au besoin.

COLLE AUX PIEDS DE VEAU.

Vous prendrez six pieds de veau, vous en ôterez tous les os, et vous les mettrez dans de l'eau fraîche pendant douze heures. Au bout de ce temps vous les en retirez pour les mettre dans une casserole contenant six pintes d'eau de fontaine, filtrée ; vous poserez cette casserole sur un fourneau allumé et vous ferez cuire à petit feu pendant sept heures. Vous passerez ensuite cette colle à travers un tamis de soie, et lorsqu'elle sera froide, vous la dégraisserez comme la précédente. Cela fait, vous mettrez dans une casserole quatre blancs d'œufs et le jus d'un citron ; vous ferez fondre votre colle et vous la verserez sur les blancs d'œufs et le jus de citron. Vous poserez la casserole sur un feu gai, et avec un petit balai d'osier vous fouetterez cette colle jusqu'à ce qu'elle commence à bouillir. Dès qu'elle aura donné le premier bouillon, vous retirerez la casserole du feu ; vous la placerez sur le coin du fourneau ; vous la couvrirez et mettrez du feu sur le couvercle. Au bout d'une demi-heure vous la passerez à travers une serviette un peu serrée et vous la déposerez dans un endroit sec pour vous en servir au besoin. Lorsque vous passerez cette colle au tamis, il faudra que le mouillement des pieds de veau ait été réduit de plus de moitié ; s'il ne l'était pas, il faudrait, après l'avoir passé au tamis, la remettre dans la casserole et la faire réduire sur un grand feu.

COLLE DE CORNE DE CERF.

Vous prendrez deux livres de corne de cerf râpée, vous la mettrez dans une casserole avec six pintes d'eau de rivière filtrée, vous poserez cette casserole sur un fourneau allumé et vous ferez cuire à petit

MATIÈRES COLLÉES.

feu pendant six heures, pour que le mouillement soit réduit à plus de moitié; ensuite vous la passerez à travers un tamis de soie, vous la verserez dans une autre casserole, où vous aurez mis trois blancs d'œufs et le jus d'un citron; vous poserez cette casserole sur un grand feu, et avec un fouet de rameaux d'osier vous fouetterez la colle jusqu'à ce qu'elle ait donné le premier bouillon. Vous la passerez ensuite à travers une serviette comme pour les précédentes, et vous mettrez cette colle de côté pour vous en servir au besoin. Si vos colles n'étaient point assez claires, vous les clarifieriez une seconde fois en suivant le même procédé que la première fois.

Toutes les filtrations de ces gelées doivent être faites dans un lieu chaud, pour que la colle ne se congèle point avant qu'elle soit passée à travers la serviette.

XX

DES GELÉES POUR ENTREMETS.

GELÉE D'ORANGE.

Si le moule que vous avez à faire contient deux pintes de liquide, vous prendrez huit oranges et deux citrons; vous zesterez trois de ces oranges dans une terrine, vous exprimerez le jus des huit oranges et des deux citrons par-dessus ces zestes que vous y laisserez tremper (infuser) pendant deux heures. Au bout de ce temps, vous filtrerez ce jus à travers du papier gris, et, pendant qu'il filtrera, vous mettrez dans un poêlon d'office dix onces de sucre raffiné en poudre, et une demi-pinte d'eau dans laquelle vous aurez délayé un blanc d'œuf. Vous poserez ce poêlon sur le feu, vous l'écumerez quand il sera près de bouillir ; et après l'avoir bien écumé, vous le passerez à travers une chausse. Vous mêlerez ensuite ce sucre avec le jus de vos fruits et une pinte de colle de couennes, ou de corne de cerf, ou de poisson, mais préférablement avec ces deux premières sortes de colle ; puis vous mêlerez bien cet appareil, vous le verserez dans votre moule, et vous le mettrez dans la glace ou dans un endroit frais. Au moment de le servir, vous tremperez le moule dans de l'eau tiède, vous l'essuierez avec un linge, vous le renverserez sur un plat et vous le servirez aussitôt. Dans le cas où il y aurait du liquide dans le plat, vous le humeriez avec un chalumeau. Si votre gelée n'était pas assez prise, vous y mettriez un peu plus de colle.

GELÉE AU CITRON FOUETTÉE.

Vous mettrez dans une terrine une pinte de sucre cuit au lissé, les zestes de deux citrons et le jus de quatre; vous couvrirez cette terrine avec un linge et vous laisserez infuser le tout pendant une heure. Au bout de ce temps vous passerez ce sucre à-travers une chausse, et vous le mettrez ensuite avec une pinte de colle de couennes, ou de corne de cerf, ou avec toute autre espèce de colle. Vous mettrez cet appareil dans une terrine et avec un petit balai d'osier, vous le fouetterez en neige. Quand il sera bien mousseux, vous le verserez dans le moule que vous aurez mis à la glace. Pour la sortir du moule, vous procéderez de même que pour la gelée à l'orange. (Voyez *Gelée à l'orange.*) Quelle que soit la quantité de gelée que vous fassiez, vous la ferez dans les mêmes proportions.

GELÉE D'ANANAS.

Si le moule que vous voulez faire contient deux pintes de liquide, vous prendrez un petit ananas, vous le pèlerez comme on pèle une pomme, et vous le couperez par tranches de l'épaisseur de six lignes; vous couperez ensuite ces tranches par dés de six lignes de largeur, et vous mettrez ces dés dans une pinte de sucre cuit au petit lissé, pour les faire infuser pendant deux heures. Au bout de ce temps vous retirerez ces dés d'ananas du sucre, avec une cuiller d'argent, et vous les mettrez dans une assiette ; vous passerez le sucre à travers un tamis et vous le mêlerez ensuite avec une pinte de colle de couennes ou de corne de cerf. Lorsque vous aurez bien mêlé la colle avec le sucre, et que cet appareil sera bien clair, vous en verserez dans votre moule de l'épaisseur d'un demi-pouce ; vous placerez ce moule dans la glace, et lorsque la gelée sera bien prise, vous arrangerez une partie de vos dés d'ananas par-dessus ; vous verserez de la gelée par-dessus les dés, à l'épaisseur de deux pouces, et vous la ferez encore prendre à la glace. Lorsqu'elle sera bien prise, vous arrangerez encore les dés d'ananas par-dessus, et vous continuerez ainsi jusqu'à ce que vous ayez placé tous vos dés d'ananas, et que le moule soit plein jusqu'au bord, toujours en faisant alternativement un lit de gelée, que vous faites prendre à la glace, et un lit de dés d'ananas. Pour sortir la gelée du moule, vous procéderez de même que pour les gelées précédentes. Vous pouvez y ajouter le jus de trois citrons ; mais comme votre gelée ne sera point claire, il faudra la fouetter de même que celle au citron. (Voyez *Gelée au citron*.)

GELÉE DE MARASQUIN.

Si le moule que vous devez faire contient deux pintes, vous prendrez les trois quarts d'une pinte de sucre cuit au petit lissé, vous le verserez dans un grand bol de porcelaine avec deux petits verres de kirsch-wasser et trois de marasquin, et une pinte de colle de couennes ou de corne de cerf ; vous mêlerez bien cet appareil et vous le verserez dans votre moule. Vous mettrez ensuite ce moule à la glace, et au moment de servir, vous le tremperez dans de l'eau tiède, vous essuierez l'extérieur avec un linge, vous renverserez la gelée sur un plat, et servirez.

GELÉE DE RHUM.

Si c'est pour en faire un moule contenant deux pintes de liquide, vous prendrez les trois quarts d'une pinte de sucre cuit au lissé. (Voyez *Cuisson du sucre au lissé.*) Quatre petits verres de bon rhum et une pinte d'une colle quelconque ; vous mettrez le tout dans un grand bol de porcelaine pour bien le mêler ensemble, vous verserez cet appareil dans votre moule et vous le mettrez à la glace.

Pour le sortir du moule, vous procéderez de même que pour celle au marasquin. Vous pourrez ajouter à cette gelée le jus de deux citrons. Mais comme alors elle ne serait plus claire, il faudrait la fouetter de même que la gelée au citron parce que le jus de citron est toujours louche. Vous procéderez de même pour toutes sortes de gelées de liqueur, mais vous n'y mettrez jamais de citron.

ORANGES A LA SICILIENNE.

Vous prendrez six oranges de celles qui ont l'écorce bien épaisse, vous leur ferez une ouverture en rond du côté de la queue, et vous les viderez avec un emporte-pièce ou bien une petite cuiller à café. Quand vous aurez enlevé tout l'intérieur et qu'il n'en restera plus que l'écorce, vous les poserez sur la glace pour les rafraîchir. Pendant ce temps vous préparerez un blanc-manger, une gelée de groseille et une gelée au marasquin. (Voyez ces trois articles, aux *Gelées en matière collée.*) Dès que vos gelées seront prêtes, vous arrangerez bien vos oranges sur la glace, afin qu'elles ne puissent point dérouler ; vous verserez dans chaque orange un tiers de gelée au marasquin, vous la laisserez prendre pendant deux ou trois quarts d'heure ; ensuite vous verserez dans ces mêmes oranges un tiers de gelée de groseilles, que vous laisserez encore prendre à la glace. Quand elle sera prise, vous verserez par-dessus un tiers de blanc-manger, c'est-à-dire que vous remplirez les oranges avec cette troisième gelée, puisqu'une gelée occupe un tiers de l'orange, et que les trois gelées réunies doivent la remplir tout à fait. Les oranges étant pleines, vous remettrez les ronds sur les ouvertures que vous reboucherez en les laissant sur la glace pendant une heure ou deux. Au moment de servir, vous garnirez un plat des mêmes feuilles, vous poserez dessus vos six oranges en forme de pyramide, et vous les servirez ainsi. Ce plat peut servir pour entremets et pour dessert.

GELÉE AU VIN DE MALAGA.

Vous mettrez dans un bol de porcelaine les deux tiers d'une pinte de sucre cuit au grand lissé (voyez cet article), une demi-pinte de vin de Malaga et une pinte d'une colle quelconque. (Voyez l'article des *Colles.*) Vous mêlerez bien cet appareil, vous le verserez dans le moule pour le faire prendre à la glace, et pour le sortir du moule vous procéderez de même que pour la gelée au marasquin. Vous suivrez le même procédé pour toutes les gelées au vin en général, ayant soin toutefois de garder les mêmes proportions.

GELÉE DE CAFÉ.

Vous mettrez dans un vase de faïence six onces de café moka en grains fraîchement torréfié, vous y verserez une pinte de sucre à vingt-deux degrés, vous boucherez ce vase et vous laisserez infuser le tout pendant vingt-quatre heures. Au bout de ce temps, vous passerez ce sucre à travers une chausse, et vous le mêlerez avec une pinte de colle (voyez l'article des *Colles*) et trois petits verres d'eau-de-vie. Vous mêlerez bien cet appareil, vous le verserez dans le moule et vous le ferez prendre à la glace, comme les précédentes gelées ; vous le sortirez de même du moule.

GELÉE DE GROSEILLES.

Vous prendrez une livre de groseilles, et trois onces de framboises, vous les presserez dans un tamis de crin et vous ferez passer le jus à travers une chausse. Dès que ce jus aura passé et sera bien clair, vous en prendrez une demi-pinte et vous le mettrez dans un grand bol de porcelaine, avec une demi-pinte de sucre cuit au grand lissé (voyez *Cuisson de sucre*) et une pinte d'une colle quelconque. (Voyez l'article des *Colles*.) Cela fait, vous mêlerez cet appareil, vous le verserez dans le moule pour le faire prendre à la glace, comme les précédentes gelées et vous le sortirez du moule de même.

AUTRE MANIÈRE.

Lorsque vous aurez clarifié le jus des fruits, suivant la méthode que nous avons indiquée plus haut, vous prendrez dix onces de sucre bien raffiné et bien blanc, que vous réduirez en poudre; vous le mettrez dans un bol de porcelaine et vous verserez dessus une pinte de jus de groseilles clarifié; vous agiterez ce jus de temps à autre pour faire fondre le sucre, et dès qu'il sera bien fondu, vous passerez ce liquide à travers une chausse. Vous prendrez autant de colle que vous aurez de liquide, et vous mêlerez ces deux substances. Cela fait, vous verserez le tout dans le moule, en suivant pour le reste le même procédé que pour les gelées précédentes. Quant à la colle, vous prendrez celle que vous voudrez. (Voyez l'article des *Colles*.)

GELÉE DE FRAISES.

Vous mettrez dans une terrine une demi-livre de fraises bien rouges et une demi-pinte d'eau bien filtrée, vous écraserez bien les fruits, et vous les passerez à travers un tamis de crin, en les pressant bien pour faire passer le suc à travers le tamis. Vous passerez ensuite ce suc à travers une chausse, et dès qu'il aura passé, vous le mettrez dans un grand bol de porcelaine avec dix onces de sucre bien raffiné, bien blanc et réduit en poudre. Vous agiterez ce mélange avec une cuiller d'argent pour faire fondre le sucre, et lorsqu'il sera fondu, vous passerez encore ce liquide à travers la chausse. Vous prendrez autant de colle que vous aurez de liquide (voyez l'article des *Colles*), vous les mêlerez bien ensemble, vous verserez votre appareil dans le moule pour le faire prendre à la glace, et vous le sortirez du moule, le tout comme pour les gelées précédentes. Quand on veut obtenir un jus de fruits plus clair, on n'a qu'à le déposer à la cave, après l'avoir exprimé des fruits, et l'y laisser fermenter pendant douze heures.

CHARLOTTE A LA JARDINIÈRE.

Vous garnirez le fond du moule de macarons de Liége (voyez cet article) et les parois de biscuits à la cuiller; vous prendrez ensuite des groseilles blanches et rouges, des fraises et des framboises, et vous éplucherez tous ces fruits, que vous aurez soin de choisir bien frais et n'étant point froissés; vous prendrez également la moitié d'un ananas que vous monderez et couperez en dés de la grosseur des framboises. Vous mêlerez tous ces fruits, et vous en remplirez le moule; versez par-dessus une gelée d'orange (voyez *Gelée d'orange*), en ayant soin que les fruits soient couverts de cette gelée; vous poserez le moule sur la glace, et au moment de servir vous tremperez ce moule dans de l'eau tiède; vous l'essuierez avec un linge; vous le renverserez sur un plat, et vous le servirez.

GELÉE D'ABRICOTS.

Vous prendrez dix abricots bien mûrs et vous les presserez dans un tamis de crin, à travers lequel vous ferez passer le suc; vous casserez ensuite les noyaux pour en retirer les amandes; vous les couperez par petits morceaux et vous les mettrez dans le suc du fruit. Vous verserez alors dans ce suc une pinte de sucre cuit au petit lissé (voyez *Cuisson du sucre au petit lissé*) et vous laisserez infuser le tout pendant quatre heures. Au bout de ce temps vous passerez cet appareil à travers une chausse, et vous y mêlerez une pinte de colle à votre choix. (Voyez l'article des *Colles*.) Le tout étant bien mêlé, vous le verserez dans le moule, comme pour les précédentes gelées, et vous l'en sortirez de même. Vous pouvez y ajouter le jus de trois citrons, en ayant soin toutefois de bien le fouetter, parce que cet acide, étant trouble par sa nature, rendrait les gelées louches.

Pour avoir des gelées de fruits bien claires, il faut, après avoir pressé les fruits, en déposer le suc dans un endroit frais pour le faire fermenter et le passer ensuite à travers la chausse.

GELÉES DE PÊCHES.

Cette gelée se fait absolument de la même manière que la gelée aux abricots.

FROMAGE BAVAROIS.

Vous mettrez dans un poêlon d'office dix onces de sucre blanc en poudre, le jaune de quatre œufs bien frais, deux cuillerées à bouche d'eau de fleur d'orange ou de tout autre parfum, et les deux tiers d'une pinte de bonne crème, que vous verserez peu à peu sur l'appareil en remuant avec une cuiller de bois. Vous poserez ensuite le poêlon sur le feu et vous ferez cuire comme la crème à la vanille. (Voyez *Glace de crème à la vanille.*) Lorsque votre crème sera froide, vous y mêlerez une demi-pinte de crème fouettée et une pinte de colle (voyez ces deux articles), et avec un petit balai d'osier vous fouetterez cet appareil pendant dix minutes ; quand il sera bien mousseux, vous le verserez dans votre moule, vous le ferez prendre à la glace comme pour les gelées précédentes, et vous le sortirez du moule de la même manière. Si vous voulez le faire aux fraises, il faudra en choisir de belles et en garnir le fond du moule. Vous verserez un peu de votre appareil par-dessus, pour en recouvrir les fraises, et vous ferez prendre à glace. Au bout de cinq minutes vous finirez de remplir le moule avec votre appareil ; vous laisserez prendre à la glace comme pour les précédentes gelées et vous le sortirez du moule de la même manière.

BLANC-MANGER RENVERSÉ.

Si le moule que vous voulez faire contient deux pintes, vous prendrez douze onces d'amandes douces et une once d'amères, vous les pèlerez et les pilerez, comme nous l'avons montré pour la pâte d'amandes (voyez à l'article *Orgeat*) ; vous mettrez ensuite dans un poêlon d'office une pinte de bonne crème et dix onces de sucre blanc en poudre ; vous poserez ce poêlon sur le feu, et lorsque la crème aura bouilli, vous la retirerez du feu, et vous délayerez dans cette crème votre pâte d'amandes, c'est-à-dire vos amandes pilées. Cela fait, vous passerez votre appareil à travers un tamis de soie ; vous presserez bien le marc des amandes pour que le lait passe à travers le tamis; puis, vous mêlerez à cet appareil une demi-once d'eau de fleur d'orange et une pinte de colle de couenne ou de poisson (Voyez l'article des *Colles*.) Mêlez bien votre appareil et remplissez-en le moule que vous ferez prendre à la glace, comme nous l'avons montré pour les gelées précédentes. Vous n'avez plus alors qu'à le faire sortir du moule de la même manière que pour les gelées en général.

CHARLOTTE RUSSE.

Vous prendrez un moule à charlotte et vous en garnirez le fond et le tour de biscuits à la cuiller; vous prendrez ensuite un tiers de crème à la vanille (voyez *Crème à la vanille*) et deux tiers de crème fouettée; vous mettrez ces deux crèmes dans un bol et vous les mêlerez bien ensemble avec une cuiller; puis, vous en remplirez votre moule, et, après avoir recouvert celui-ci de biscuits à la cuiller, vous le mettrez à la glace pendant une demi-heure. Au bout de ce temps, vous renverserez le moule sur un plat, et vous le servirez. Cette charlotte se sert aussi sans avoir été mise à la glace.

Si c'est une charlotte plombière, voici la recette à suivre. Lorsque vous aurez foncé, c'est-à-dire garni votre moule de biscuits à la cuiller, vous les remplirez de deux ou trois sortes de glaces, telles que glace à la vanille, à la groseille, etc. (Voir l'article *des Glaces*.) Vous n'aurez plus alors qu'à renverser sur le plat et servir.

XXI

DES CRÈMES POUR ENTREMETS.

CRÈME FOUETTÉE.

Vous mettrez dans une terrine une pinte de bonne crème bien fraîche et une once de gomme arabique en poudre; vous laisserez fondre la gomme pendant une heure ou deux; au bout de ce temps, vous prendrez un balai d'osier et vous fouetterez cette crème en neige. A mesure qu'elle moussera, vous l'ôterez avec une cuiller percée et vous la mettrez sur un tamis, jusqu'à ce que toute votre crème soit en neige. Vous pourrez partager la crème et la gomme en deux parties et en fouetter une partie à la fois, ce qui vous sera plus facile.

CRÈME FOUETTÉE AU CAFÉ.

Vous ferez infuser deux onces de café en grains fraîchement torréfié dans une pinte de bonne crème pendant trois ou quatre heures; au bout de ce temps vous passerez cette crème à travers un tamis de soie et vous la mettrez dans une terrine avec une once de gomme arabique en poudre, trois onces de sucre blanc en poudre, et le blanc de deux œufs bien frais; avec un balai d'osier vous fouetterez le tout en neige. Lorsque la mousse commencera à paraître, vous l'ôterez avec une cuiller percée et vous la mettrez sur un tamis; cela fait, vous dresserez votre crème sur un plat, que vous pourrez garnir avec toutes sortes de fruits confits au sucre, à moins que vous ne vouliez servir votre crème dans des meringues.

CRÈME FOUETTÉE AU CHOCOLAT.

Vous prendrez une once de bon chocolat, vous le râperez bien fin et vous le mettrez dans un poêlon d'office avec le tiers d'une pinte de bonne crème. Vous le ferez fondre à petit feu, sans le faire bouillir. Dès qu'il sera fondu, vous le verserez dans une terrine avec les deux autres tiers de la pinte de crème. Quand cette crème sera froide, vous y ajouterez deux onces de sucre blanc en poudre, le blanc de deux œufs bien frais et une once de gomme arabique en poudre. Vous fouetterez ensuite le tout en neige avec un petit balai d'osier. A mesure que la mousse se formera, vous l'enlèverez avec une cuiller percée, vous la dresserez en pyramide sur un plat et vous la servirez.

CRÈME FOUETTÉE AUX LIQUEURS.

Vous mettrez dans une terrine une pinte de crème, une once de gomme arabique et deux petits verres de liqueur, et vous fouetterez le tout avec un petit balai d'osier. A mesure que la mousse montera, vous l'enlèverez avec une cuiller percée, vous la dresserez sur un plat, et vous y garnirez une meringue.

Vous suivrez le même procédé pour les crèmes fouettées à toutes sortes de liqueurs ou même de fleurs, en vous servant dans ce dernier cas des eaux aromatiques de ces fleurs.

DES CRÈMES POUR ENTREMETS. 127

Pour les crèmes susceptibles d'être colorées, la seule précaution qu'on a à prendre, c'est de colorer la crème avant de la fouetter, en se servant des couleurs dont nous avons parlé plus haut. (Voyez *Couleurs*.)

CRÈME A LA VANILLE RENVERSÉE, FROIDE.

Si votre moule tient deux pintes, vous mettrez dans un poêlon dix onces de sucre blanc en poudre, le jaune de six œufs, une gousse de vanille coupée en petits morceaux et les trois quarts d'une pinte de crème, que vous verserez peu à peu, en remuant l'appareil avec une cuiller de bois. Vous poserez ce poêlon sur le feu et vous le ferez cuire comme pour les glaces de crème à la vanille. (Voyez cet article.) Lorsque votre crème sera cuite, vous la passerez à travers un tamis de soie, et vous la laisserez refroidir, pour la mêler ensuite avec une pinte de colle de couennes ou de toute autre substance. (Voyez l'article des *Colles*.) Vous mêlerez bien cet appareil, vous le verserez dans le moule et vous le ferez prendre à la glace. Pour le sortir du moule, vous le tremperez dans de l'eau tiède, vous l'essuierez avec un linge et vous le renverserez sur votre plat. Vous suivrez le même procédé pour toutes les crèmes froides et renversées. On peut les fouetter comme la gelée de citron. (Voyez cet article.)

CRÈME A LA VANILLE RENVERSÉE, CHAUDE.

Si le moule est de la même contenance que celui de la crème précédente, vous ferez bouillir dans une casserole une pinte et demie de bonne crème, avec douze onces de sucre blanc en poudre, et une gousse de vanille coupée par morceaux. Dès que ce mélange aura bouilli, vous le verserez dans une terrine pour le faire refroidir. Vous mettrez ensuite dans une casserole le jaune de douze œufs bien frais et quatre œufs entiers; vous les délayerez bien pendant quelques minutes, et vous verserez votre crème par-dessus. Vous passerez cet appareil à travers un tamis, et vous le verserez dans votre moule, que vous aurez légèrement beurré d'avance. Cela fait, vous mettrez ce moule dans une casserole remplie d'eau jusqu'aux deux tiers du moule, et vous ferez bouillir cette eau doucement; au bout de cinq minutes, vous couvrirez la casserole de son couvercle, vous mettrez du feu par-dessus et vous l'y laisserez jusqu'à ce que la crème soit prise. Au bout de vingt minutes, vous mettrez un doigt dans la crème, pour vous assurer si elle est prise; en ce cas, vous la renverserez sur un plat et vous la servirez.

Vous pouvez également la saucer avec un zabayon à votre choix. (Voyez *Zabayon.*) Par ce même procédé vous pouvez faire toutes sortes de crèmes renversées, ainsi que les petits pots de crème.

CRÈME AU CHOCOLAT.

Vous mettrez dans une terrine d'office huit onces de sucre blanc en poudre, trois onces de chocolat à la vanille râpé, le jaune de quatre œufs, et deux œufs entiers. Vous remuerez bien ce mélange avec une cuiller de bois, et vous verserez par-dessus, peu à peu, une pinte de crème. Cela fait, vous laisserez cet appareil en cet état pendant une heure; seulement vous l'agiterez de temps à autre pour faire fondre le sucre et le chocolat. Aussitôt que ces deux substances seront fondues, vous passerez cet appareil à travers un tamis de soie, vous le verserez dans un plat creux, et vous ferez prendre votre crème dans un four doux; ou bien vous poserez le plat sur de la cendre chaude, et vous mettrez un four de campagne par-dessus. Lorsque la crème sera prise, vous la ferez refroidir et vous la servirez. Vous pouvez la servir chaude, si vous voulez.

En suivant ce même procédé vous pouvez faire toutes sortes de crèmes au four.

CRÈME PANACHÉE.

Vous mettrez dans un poêlon d'office huit onces de sucre blanc en poudre, le jaune de six œufs bien frais, deux gros de cannelle de Ceylan, deux onces de coriandre et les zestes d'un citron. Vous remuerez bien cet appareil avec une cuiller de bois, en versant par-dessus peu à peu une pinte de crème. Cela fait, vous poserez ce poêlon sur un feu doux, en remuant continuellement votre crème avec la cuiller, et lorsqu'elle commencera à s'épaissir et à s'attacher légèrement à la cuiller, vous la sortirez du feu et vous la passerez à travers un tamis de soie. Vous la verserez ensuite dans un compotier de porcelaine, ou dans tout autre vase de porcelaine; vous la ferez refroidir, et au moment de la servir vous couvrirez la surface de votre crème avec des biscuits à la cuiller, glacés au sucre, de plusieurs couleurs, et vous garnirez le bord du compotier avec de la fleur d'orange pralinée.

CRÈME MERINGUÉE.

Vous mettrez dans un poêlon d'office huit onces de sucre blanc en poudre, le jaune de six œufs et une once de fleur d'orange pralinée. Vous remuerez bien cet appareil avec une cuiller de bois, en versant peu à peu une pinte de crème par-dessus. Cela fait, vous poserez ce poêlon sur un feu doux, et vous ferez cuire comme la crème panachée. Lorsqu'elle sera cuite, vous la passerez à travers un tamis de soie; puis vous mêlerez à cette crème une demi-pinte de crème fouettée (voyez cet article), et lorsque le tout sera bien mêlé, vous verserez cet appareil dans un plat creux. D'autre part, vous fouetterez le blanc de six œufs en neige, vous y mêlerez deux onces de sucre blanc en poudre bien fine; vous couvrirez la surface de votre crème avec les blancs saupoudrés de sucre blanc, et vous mettrez cette crème ainsi apprêtée au four; ou bien vous poserez le plat sur de la cendre chaude et le four de campagne par-dessus, et lorsque les blancs d'œufs seront bien jaunes partout, vous retirerez votre plat du feu, et vous mettrez par-dessus un peu de gelée de groseilles de distance en distance, ou de la crème fouettée, et vous servirez chaud.

CRÈME A L'ITALIENNE.

Vous mettrez dans une terrine quatre onces de sucre blanc en poudre, quatre œufs entiers bien frais, deux cuillerées d'eau de fleur d'orange et une pinte de bonne crème; vous prendrez ensuite un petit balai d'osier et vous fouetterez le tout presque en

DES CRÈMES POUR ENTREMETS.

neige. Cela fait, vous verserez cet appareil dans un plat creux, vous le poserez sur de la cendre chaude et un four de campagne par-dessus. Dès que la crème aura pris une belle couleur, vous la sortirez du feu, et vous mettrez à l'entour une once d'écorces de citron, autant d'orange et d'angélique, le tout confit au sucre, ainsi qu'une once de pistaches mondées et hachées gros. Vous saupoudrerez le pourtour de sucre, et, avec une pelle rougie au feu, vous lui donnerez la couleur de caramel.

CRÈME EN ROCHER.

Vous mettrez dans une casserole six onces de sucre blanc en poudre, le jaune de huit œufs bien frais, deux cuillerées d'eau de fleur d'orange et deux cuillerées à bouche de farine. Vous remuerez le tout avec une cuiller de bois, et vous verserez par-dessus, une chopine de bonne crème. Vous poserez ensuite la casserole sur le feu et vous ferez bouillir pendant dix minutes, en remuant toujours avec votre cuiller. Lorsque cette crème sera bien épaisse, vous la sortirez du feu, et vous la verserez sur le plat que vous devez servir. Cela fait, vous fouetterez le blanc de huit œufs en neige, vous y mêlerez deux onces de sucre blanc en poudre et vous verserez le tout par-dessus votre crème, en forme de rocher. Vous saupoudrerez bien de sucre, et vous mettrez votre plat dans un four qui ne soit pas trop chaud. Quand la crème aura pris une belle couleur, elle sera prête à servir. Si vous n'avez pas de four, vous poserez votre plat sur de la cendre chaude et un four de campagne par-dessus.

CRÈME DE BISCUITS, OU SOUPE A L'ITALIENNE.

Vous mettrez dans une casserole le jaune de huit œufs, six onces de sucre blanc en poudre, deux cuillerées à bouche d'eau de fleur d'orange, et trois cuillerées de farine de riz. Vous remuerez le tout avec une cuiller de bois, en versant par-dessus, peu à peu, une pinte de crème. Vous poserez ensuite la casserole sur le feu, et vous ferez cuire votre crème pendant vingt minutes. Quand elle sera assez épaisse, vous y mêlerez deux onces d'écorces de citron confites au sucre, et quatre macarons amers, le tout haché bien fin. Cela fait, vous prendrez du gros biscuit de Savoie, vous le couperez par tranches de l'épaisseur de trois lignes, vous prendrez le plat que vous devez servir, et vous y mettrez dans le fond une couche de cette crème, puis un lit de tranches de biscuit, trempé dans du rossolis, puis encore une couche de crème, et un lit de tranches de biscuit et ainsi de suite, de sorte cependant que le dernier lit se trouve formé de crème. Vous glacerez bien l'entour de cette crème pour que le biscuit se trouve caché, vous décorerez ensuite cette crème avec des fruits confits au sucre ou à l'eau-de-vie, tels que cerises, filets de cédrat et d'angélique. Le plat étant bien décoré, vous l'arroserez par-dessus et partout avec du rossolis ou toute autre liqueur, et vous le servirez froid.

CRÈME A LA NAPOLITAINE.

Vous mettrez dans une casserole le jaune de huit œufs bien frais, une demi-livre de sucre blanc en

DES CRÈMES POUR ENTREMETS. 135

poudre, deux cuillerées à bouche de farine de riz et deux petits verres de bon rhum. Remuez le tout avec une cuiller de bois et versez par-dessus une pinte de crème. Posez ensuite la casserole sur le feu et faites cuire pendant vingt minutes. Lorsque la crème sera bien épaissie, vous prendrez deux onces de cédrat confit, que vous couperez par petits dés, et deux onces de pistaches, que vous monderez en les jetant dans de l'eau chaude. Cela fait, vous mêlerez le tout avec votre crème, vous prendrez le plat que vous devez servir, et vous y dresserez votre crème en pyramide. Vous fouetterez ensuite le blanc de huit œufs, vous y mêlerez deux onces de sucre blanc en poudre, et vous mettrez le tout par-dessus votre crème. Vous garnirez le tour du plat avec de la marmelade de citron (voyez cet article), saupoudrez le tout de sucre et mettez au four, modérément chauffé. Dès qu'elle aura pris une belle couleur, vous la sortirez du feu et vous garnirez le tour du plat, avec des biscuits à la cuiler, en les plaçant par-dessus la marmelade, et vous servirez chaud.

CRÈME PLOMBIÈRE.

Vous mettrez dans une casserole le jaune de six œufs, une demi-livre de sucre blanc en poudre et une cuillerée de farine de riz. Vous remuerez le tout avec une cuiller de bois, en versant par-dessus, peu à peu, une pinte de crème. Cela fait, vous poserez la casserole sur le feu et vous ferez cuire pendant un quart d'heure, toujours en remuant la crème avec votre cuiller. Lorsque la cuisson sera faite, vous y mêlerez le blanc de huit œufs fouettés en neige. Le tout étant bien mêlé, vous mettrez dans une terrine dix livres de glace pilée bien fine, et deux livres de salpêtre, que vous mêlerez avec la glace. Vous mettrez la casserole qui contient l'appareil, dans la terrine, et vous l'environnerez de glace et de salpêtre. Lorsque la crème sera bien prise, de sorte cependant qu'elle soit plutôt moelleuse que dure, vous la remuerez avec une cuiller de bois, de temps à autre, pendant sa congélation. Vous verserez dans cette crème deux petits verres de liqueur, soit de marasquin, soit de menthe, etc. Vous la dresserez en pyramide sur un plat, et vous servirez aussitôt.

Vous pouvez la garnir par-dessus, soit avec des fraises, des framboises ou des fruits confits.

OBSERVATION SUR LA CUISSON DES CRÈMES.

Toutes les crèmes en général doivent être cuites à petit feu, c'est-à-dire à un feu doux qui ne soit pas trop ardent. Dès qu'on pose la crème sur le feu, il faut commencer à la remuer avec une petite cuiller de bois, sans la quitter avant que sa cuisson soit faite. On la versera alors dans une terrine, ou tout autre vase de faïence ou de porcelaine, sans jamais la laisser refroidir dans la casserole ou bassine dans laquelle on l'a fait cuire.

XXII

DES COMPOTES.

COMPOTE DE POMMES A LA PORTUGAISE.

Vous prendrez six belles pommes de reinette, vous les essuierez avec un linge, et avec un couteau d'office vous en ôterez la pelure. Vous vous prémunirez d'un vide-pomme avec lequel vous leur ôterez également le cœur sans les casser, vous les jetterez à mesure dans un poêlon d'office, où vous aurez mis une pinte d'eau filtrée et le jus de deux citrons. Cela fait, vous y ajouterez une demi-pinte de sucre cuit au lissé (voyez cet article) et vous poserez ce poêlon sur le feu, pour faire cuire à petit bouillon. Dès que la cuisson commencera, vous retournerez vos pommes avec une fourchette et vous les tâterez avec une aiguille à brider; si elle entre facilement dans les pommes, vous pouvez être sûr qu'elles sont assez cuites. Dans ce cas vous les sortirez avec une cuiller, et vous les poserez sur un tamis pour les faire refroidir. Vous ferez réduire le mouillement à plus que moitié, afin qu'il puisse se former en gelée, en refroidissant. Le mouillement étant réduit, vous le verserez dans de petites soucoupes de porcelaine, pour le faire refroidir. Au moment de servir, vous dresserez vos pommes sur un compotier, et vous remplirez l'ouverture de chacune d'elles avec de la gelée de groseilles ou de cerises. (Voyez ces deux articles.) Vous prendrez ensuite les soucoupes de gelée, vous en renverserez une sur chaque pomme, et vous servirez froid.

Si les pelures de vos pommes sont bien blanches, vous les ferez cuire avec les pommes, parce qu'elles donneront plus de corps à votre gelée. Mais si elles sont colorées, il ne faudra point les mettre; mais en place, vous mettrez une pomme bien blanche, que vous aurez coupée par morceaux.

POMMES A LA PORTUGAISE, AUTRE PROCÉDÉ.

Ayez six belles pommes de reinette, videz-les avec un vide-pomme, et ôtez-en la peau. Vous larderez ensuite le dehors avec de l'écorce de citron confite au sucre, c'est-à-dire que vous ferez, avec une aiguille à brider, des trous en dehors de la pomme, et que vous mettrez dans ces trous, des petits morceaux de filets de citron, confits au sucre; faites alors une crème avec le jaune de trois œufs, quatre onces de sucre blanc en poudre, une cuillerée de farine et de fleurs d'oranger pralinées. Remuez le tout avec une cuiller de bois, versez par-dessus cet appareil une demi-pinte de crème, et faites la cuire, comme les crèmes précédentes. (Voyez *Crème plombière* pour la cuisson.) Lorsque votre crème sera cuite et bien épaisse, vous y mêlerez quatre cuillerées à bouche de marmelade d'abricots. Vous prendrez alors le plat que vous devez servir, vous y mettrez un lit de cette crème et vous poserez les pommes par-dessus. Remplissez également l'ouverture des pommes de la même crème, et saupoudrez le tout avec du sucre. Cela fait, vous poserez ce plat sur de la cendre chaude, et le four de campagne par-dessus. Lorsque vos pommes seront cuites, vous les servirez aussitôt.

COMPOTE DE POMMES DE REINETTE AU BLANC.

Vous aurez six belles pommes de reinette, vous leur ôterez le cœur avec un vide-pomme et vous les pèlerez. Tout en les pelant, vous les frotterez en même temps avec un demi-citron et vous les jetterez ensuite dans un poêlon d'office, où vous aurez mis une pinte d'eau filtrée, une demi-pinte de sucre cuit au lissé (voyez cet article) et le jus de deux citrons. Cela fait, vous poserez le poêlon sur le feu et vous ferez cuire à petits bouillons. Aussitôt que vous aurez aperçu les premiers bouillons, vous retournerez les pommes avec une fourchette, et vous les tâterez avec une aiguille à brider, pour vous assurer si elles sont bien cuites, c'est-à-dire, si la pointe de l'aiguille y entre facilement. Leur cuisson étant faite, sortez-les du poêlon avec une cuiller percée, et placez-les sur un compotier. Quant au sirop, vous le ferez réduire de plus de moitié, vous le passerez à travers une chausse ou un linge, vous le verserez par-dessus vos pommes, et vous servirez froid.

POMMES DE REINETTE FARCIES ET A LA GELÉE.

Lorsque vous aurez pelé trois pommes de reinette et que vous en aurez ôté les pepins, vous les couperez par morceaux et vous les mettrez dans un poêlon d'office, dans lequel vous aurez déjà mis une pinte de sucre cuit au lissé, et autant d'eau filtrée.

Vous ôterez ensuite avec un vide-pomme le cœur de six belles pommes de reinette sans les casser ; vous les pèlerez et vous les frotterez avec un demi-citron, pour les jeter à mesure dans votre poêlon. Cela fait, vous poserez votre poêlon sur le feu, et vous ferez cuire à petit feu.

Au premier bouillon, vous tournerez les pommes, et vous les tâterez de temps à autre avec une aiguille à brider, pour voir si elles sont cuites. Vos six pommes étant cuites, vous les mettrez sur un compotier. Laissez bouillir le sucre où elles ont été cuites, pendant cinq minutes, et au bout de ce temps, passez-le à travers une chausse. Dès que le sucre aura passé, vous le remettrez dans le poêlon d'office, et vous le poserez sur le feu pour le faire réduire à moitié, c'est-à-dire, à la consistance de gelée. A cet effet, vous y tremperez une cuiller de temps à autre, et dès que vous verrez que le sucre en tombant forme la nappe, vous pourrez être sûr que votre gelée est faite. Vous la verserez alors dans un plat pour la faire refroidir. Au moment de servir, vous remplirez les ouvertures de vos pommes avec de la confiture à votre choix, et vous renverserez le plat de gelée par-dessus les pommes, en ayant soin de ne pas casser la gelée, qui doit, pour ainsi dire, se tenir d'un seul morceau. Vous servirez froid.

POMMES AU BEURRE.

Vous ferez fondre dans une casserole un quarteron de bon beurre frais. Quand il sera fondu, vous arrangerez dessus six belles pommes de reinette, que vous aurez préalablement vidées, pelées et frottées de citron, comme pour la compote de pommes au blanc. Ensuite, vous couvrirez la casserole; vous la poserez sur de la cendre chaude, avec un peu de feu sur le couvercle, et vous la laisserez ainsi jusqu'à ce que les pommes soient cuites, en ayant toutefois soin de les regarder de temps à autre, afin de ne pas les faire cuire trop longtemps. Leur cuisson étant faite, vous mettrez dans une casserole un morceau de bon beurre de la grosseur d'un œuf, quatre cuillerées de marmelade de pommes, et deux de marmelade d'abricots; vous poserez cette casserole sur un feu vif, et vous remuerez avec une cuiller, jusqu'à ce que le beurre soit fondu. Cela étant prêt, vous prendrez le plat que vous devez servir, ou une timbale d'argent; vous en couvrirez le fond de cette marmelade, et vous poserez les pommes par-dessus. Vous remplirez également de marmelade les trous de pomme qui ont été faits par le vide-pomme. Toute votre marmelade étant employée, vous arroserez les pommes avec du beurre fondu, vous les saupoudrerez de sucre, et vous mettrez ce plat dans le four ou dessous un four de campagne. Au bout de cinq à six minutes, lorsqu'il sera d'une belle couleur, vous le sortirez, et vous le servirez aussitôt étant bien chaud.

Pour la marmelade de pommes et d'abricots voyez ces deux articles.

POMMES MERINGUÉES.

Vous prendrez le plat que vous devez servir, vous mettrez dessus quatre pommes cuites au blanc (voyez *Compote de reinette au blanc*); couvrez ces pommes avec de la marmelade (voyez *Marmelade de pommes*), et dressez le tout en pyramide. Vous fouetterez le blanc de six œufs en neige; vous y mêlerez trois onces de sucre blanc en poudre, et vous mettrez ce mélange par-dessus la marmelade, toujours en forme de pyramide. Cela fait, vous poserez votre plat dans un four doux, ou dessous un four de campagne, et, aussitôt qu'il aura une belle couleur, vous le servirez chaud.

CHARLOTTE DE POMMES.

Prenez de la mie de pain bien serrée, coupez-en des tranches de l'épaisseur de trois lignes, de la largeur de deux pouces et de la hauteur du moule. Vous prendrez ensuite un moule à charlotte, que vous aurez préalablement beurré; vous couperez des tranches de pain, de la grandeur du fond du moule, et vous les tremperez à mesure dans du beurre fondu, pour en garnir le fond de votre moule. Vous tremperez également les autres tranches de mie dans du beurre fondu, et vous en garnirez les parois intérieures du moule. Cela fait, vous remplirez le moule de marmelade de pommes (voyez cet article), vous en couvrirez la surface avec des tranches de mie de pain trempées dans du beurre fondu, et vous le mettrez ensuite dans le four, pendant vingt minutes, ou bien sur de la cendre chaude, c'est-à-dire, vous entourerez le moule avec de la cendre rouge jusqu'au bord, et vous le couvrirez avec un couvercle de casserole, sur lequel vous mettrez également du feu. Au bout de dix minutes ou d'un quart d'heure, vous sortirez votre charlotte du feu; vous retirerez la mie de pain qui recouvre la surface, et vous ôterez deux cuillerées de marmelade de pommes, que vous remplacerez par deux cuillerées de marmelade d'abricots. Cela fait, vous recouvrirez votre charlotte de sa mie de pain; vous la renverserez sur un plat et vous la servirez chaude.

COMPOTE DE POIRES D'ÉTÉ ET D'AUTOMNE.

Vous prendrez la quantité de poires de rousselet qu'il vous faudra. Si elles sont un peu fermes, vous les blanchirez à l'eau bouillante, c'est-à-dire vous les mettrez dans une bassine remplie d'eau pour qu'elles y baignent, et vous mettrez la bassine sur le feu. Aux trois ou quatre premiers bouillons, vous la retirerez du feu, et avec un petit couteau d'office vous pèlerez vos poires; vous en couperez la moitié de la queue et l'extrémité opposé, et vous les jetterez à mesure dans une terrine remplie d'eau fraîche, dans laquelle vous aurez mis le jus de deux ou trois citrons ou un demi-verre de verjus pour empêcher les poires de noircir. Mettez ensuite dans une bassine (1) une livre de sucre blanc avec trois pintes d'eau et un demi-blanc d'œuf; clarifiez ce mélange suivant la méthode que nous avons indiquée pour la clarification du sucre (voyez cet article), et lorsque votre sucre sera écumé, ajoutez un jus de citron. Vous y jetterez les poires pour les laisser bouillir

---

(1) Remarquons qu'une livre de sucre suffit pour vingt poires de rousselet; mais si la quantité de poires que vous avez à préparer est au-dessus ou au-dessous du chiffre vingt, la quantité de sucre que vous prendrez doit être augmentée ou diminuée dans les mêmes proportions.

jusqu'à ce que leur cuisson soit faite. Si les poires ne baignent pas assez, vous y ajouterez encore de l'eau. Les poires étant cuites, vous prendrez une cuiller percée de trous, et vous les sortirez du sucre pour les mettre sur un compotier. Faites réduire le sucre à une pinte; passez-le à travers une chausse ou un linge; versez-le par-dessus les poires, et servez celles-ci froides.

Si vos poires sont mûres, vous les pèlerez sans les faire blanchir, et, à mesure que vous les pelez, vous les jetterez dans de l'eau fraîche où vous aurez mis le jus de quelques citrons ou du verjus, et vous les ferez cuire au sucre, suivant la méthode que nous venons d'indiquer.

La blanquette, la petite muscade et la poire de Saint-Germain d'été se préparent de la même manière; mais ces dernières étant trop grosses, on les coupe par moitié.

COMPOTE DE POIRES DE BON-CHRÉTIEN.

Prenez six belles poires de bon-chrétien dans leur état de maturité parfaite, coupez-les par moitié et ôtez-en les pepins et la queue; frottez-les ensuite avec la moitié d'un citron, et jetez-les à mesure dans un poêlon d'office, où vous aurez mis de l'eau et le jus de quelques citrons. Vous poserez ensuite ce poêlon sur un feu gai, et vous ferez cuire vos poires; étant cuites, vous les sortirez du poêlon et vous les placerez sur un tamis. Vous prendrez ensuite douze onces de sucre blanc, vous le mettrez dans le poêlon avec l'eau où vous aurez fait cuire vos poires, vous y ajouterez un demi-blanc d'œuf et vous clarifierez ce mélange. Lorsque vous l'aurez bien écumé, vous le ferez cuire à la grande nappe. Ayant atteint ce degré de cuisson, vous y mettrez vos poires ; vous leur ferez donner deux ou trois bouillons, et vous les dresserez ensuite sur un compotier. Versez le sucre par-dessus, et servez-les froides.

Les poires de Saint-Germain, le doyenné et le beurré se préparent de la même manière ; mais les Saint-Germain d'hiver et les virgouleuses étant un peu trop fermes, il faut les faire blanchir avant de les peler. A cet effet, vous les mettrez dans une bassine remplie d'eau fraîche, et vous la poserez sur un feu gai. Dès que l'eau aura donné huit à dix bouillons, vous sortirez les poires du feu, et avec un couteau d'office vous les pèlerez, vous leur ôterez la queue et le cœur en les coupant par moitié, et après les avoir frottées de citron, vous les jetterez dans un poêlon d'office où vous aurez mis de l'eau et le jus de quelques citrons, ou du verjus. Pour le reste, le procédé est tout à fait le même que pour l'article précédent.

COMPOTE DE POIRES DE COTILLARD OU COMPOTE DE POIRES A LA CARDINALE.

Prenez six poires de cotillard, coupez-les par moitié, ôtez-en le cœur, la queue et la pelure, et jetez-les à mesure dans une casserole dans laquelle vous aurez mis une chopine de vin rouge, une pinte d'eau, dix onces de sucre blanc en poudre, deux clous de girofles et un morceau de cannelle. Vous couvrirez la casserole de son couvercle et vous la poserez sur un feu doux pour la faire mijoter pendant deux heures. Au bout de ce temps vous dresserez vos poires sur un compotier, et vous ferez réduire le sucre. S'il était trop clair, vous le feriez passer à travers un tamis ou un linge, et vous le mettriez par-dessus les poires qu'on sert aussi bien froides que chaudes.

AUTRE MANIÈRE.

Lorsque vous aurez pelé et nettoyé vos poires, mettez-les dans une casserole comme ci-dessus avec une pinte de sucre cuit au lissé (voyez cet article) et une pinte d'eau filtrée. Vous couvrirez la casserole et vous la poserez sur un grand feu. Lorsqu'elle commencera à bouillir, vous la retirerez du feu et vous la placerez sur le coin du fourneau, avec un peu de feu sur le couvercle, pour la laisser mijoter pendant une heure et demie ou deux ; ou bien encore vous la mettrez dans le four, si vous en avez un, sans mettre du feu sur le couvercle. Au bout de deux heures vous dresserez vos poires sur un compotier comme ci-dessus, et elles seront aussi rouges que celles au vin.

COMPOTE DE COINGS.

Prenez six beaux coings, coupez-les par moitié et ôtez-en le cœur. A mesure que vous les pèlerez, vous les frotterez de citron et vous les jetterez dans un poêlon, dans lequel vous aurez mis deux pintes de sucre cuit au petit lissé et le jus de deux citrons. Cette préparation terminée, posez le poêlon sur le feu et faites cuire à petits bouillons. Lorsque les coings seront cuits, vous les sortirez du sucre avec une cuiller percée de trous et vous les mettrez sur un compotier. Faites réduire à moitié le sucre dans lequel vous les avez cuits; passez-le à travers un linge, et lorsqu'il sera froid, versez-le sur vos coings et servez-les.

COMPOTE DE COINGS A LA CARDINALE.

Prenez six beaux coings bien mûrs, pelez et coupez-les par moitié, ôtez-en les cœurs et mettez-les à mesure dans de l'eau fraîche. Vous les mettrez ensuite dans une casserole avec leurs pelures, une pinte et demie de sucre cuit au petit lissé (voyez cet article), et un peu de couleur de cochenille. (Voyez *Couleur de cochenille*). Vous couvrirez cette casserole et vous la poserez sur un feu doux, pour la faire mijoter une heure ou une heure et demie; jusqu'à ce qu'enfin le fruit soit cuit. Vos coings étant cuits, vous prendrez une cuiller percée de trous; vous les sortirez de la casserole et vous les mettrez sur un compotier. Cela fait, vous passerez le sucre dans lequel vous les aurez cuits, à travers une chausse ou un linge, et quand il sera bien clair, vous le remettrez sur la casserole que vous poserez sur le feu pour le faire réduire en gelée. Vous y tremperez de temps à autre votre cuiller, et si vous voyez que le sucre, en tombant de la cuiller, forme la nappe, c'est une preuve qu'il est en gelée. Vous le sortirez alors du feu; vous le verserez sur un plat pour le faire refroidir, et au moment de servir, vous renverserez la gelée qui est sur ce plat, par-dessus vos coings. Tâchez surtout que la gelée ne forme qu'un seul morceau et qu'elle couvre bien tous vos coings. Votre compote sera prête alors à être servie.

En faisant cuire vos coings, vous pouvez y ajouter un morceau de cannelle avec quelques girofles et les zestes d'une orange ou d'un citron.

COMPOTE DE CERISES.

Prenez deux livres de belles cerises, et après en avoir coupé la queue à moitié, passez-les à l'eau fraîche; vous les mettrez ensuite dans un poêlon d'office avec une livre de sucre blanc en poudre, un verre d'eau filtrée et le quart d'une gousse de vanille, ou tout autre parfum. Posez ce poêlon sur un feu doux, et lorsque vos cerises commenceront à bouillir, ôtez-en l'écume et laissez-les bouillir pendant trois minutes en les faisant sauter de temps en temps pour les retourner. Au bout de ces trois minutes, ôtez la vanille, dressez les cerises dans un compotier, laissez-les refroidir et servez.

COMPOTE DE FRAMBOISES.

Vous prendrez deux livres de belles framboises entières, vous les éplucherez bien; vous clarifierez ensuite une livre de sucre blanc, d'après le procédé que nous avons indiqué pour la clarification du sucre (voyez cet article), et vous le ferez cuire à la petite plume. (Voyez *Cuisson du sucre au soufflé.*) Cela fait, vous mettrez vos framboises dans une autre casserole, vous verserez le sucre à la petite plume par-dessus, et vous poserez cette casserole sur le feu. Au premier bouillon, vous la sortirez du feu, vous verserez vos framboises doucement dans un compotier pour qu'elles se conservent entières, et vous les servirez froides.

COMPOTE DE GROSEILLES.

Prenez deux livres de belles groseilles rouges et qui ne soient point écrasées, épluchez-les et jetez-les dans de l'eau fraîche. Cela fait, vous clarifierez une livre de sucre blanc que vous ferez cuire à la petite plume, comme nous l'avons dit pour la compote de framboises; vous procéderez de même pour tout le reste, en ayant toutefois le soin de faire égoutter vos groseilles en les mettant sur un tamis avant de les jeter dans le sucre.

COMPOTE DE FRAISES.

Mettez dans un poêlon une livre de sucre blanc, les deux tiers d'une chopine d'eau et la moitié d'un blanc d'œuf; posez ce poêlon sur le feu; écumez-le bien, quand il commencera à bouillir, et faites le cuire à la petite plume. (Voyez cet article.) Aussitôt que le sucre aura atteint ce degré de cuisson, vous y jetterez deux livres de belles fraises qui ne soient point écrasées, et que vous aurez préalablement bien épluchées, passées à l'eau fraîche, et bien égouttées après. Aussitôt que vous les aurez jetées dans le sucre bouillant, vous sortirez immédiatement le poêlon du feu; vous le laisserez ainsi hors du feu pendant trois minutes, en secouant de temps en temps, pour que les fraises trempent dans le sucre, et au bout de ce temps, vous viderez vos fraises dans un compotier; vous les ferez refroidir, et vous les servirez.

AUTRE MANIÈRE.

Lorsqu'on a bien épluché les fraises, on les passe à l'eau fraîche, on les met ensuite sur un tamis pour les faire égoutter; étant égouttées, on les met sur un compotier et on verse par-dessus du sucre cuit à la petite plume et encore chaud. De cette manière, les fraises auront une plus belle apparence, et elles conserveront toute leur saveur et leur parfum primitif. On prépare de la même manière les framboises et les groseilles.

COMPOTE DE PÊCHES.

Prenez huit belles pêches; coupez-les par moitié; ôtez-en le noyau, et après en avoir également ôté la peau avec un petit couteau d'office, jetez-les dans de l'eau fraîche. Vous ferez ensuite bouillir dans un poêlon d'office quatre pintes d'eau claire. Vous y jetterez vos pêches et vous leur ferez faire cinq ou six bouillons; puis, vous les sortirez et vous les mettrez dans un tamis pour faire égoutter. Prenez ensuite un poêlon d'office, mettez-y une pinte et demie de sucre cuit au petit lissé (voyez cet article), ainsi que vos pêches, et posez le poêlon sur le feu pour faire cuire à petit bouillon. Vous ferez bouillir pendant trois minutes et vous ôterez à mesure l'écume qui se forme. Au bout de ce temps, vous retirerez les pêches; vous les mettrez sur un compotier, vous ferez réduire le sucre à la nappe (voyez *Cuisson du sucre à la nappe*); vous le ferez refroidir, vous le verserez par-dessus vos pêches, et vous les servirez ainsi.

AUTRE MANIÈRE.

Prenez huit pêches bien mûres, coupez-les par moitié, et après en avoir ôté les noyaux et les pelures, mettez-les à mesure dans un compotier. Au moment de servir, vous mettrez au milieu du compotier, par-dessus vos pêches, une demi-livre de sucre en poudre en forme de pyramide, vous verserez autour et par-dessus les pêches un peu de sirop de sucre bien clair, et vous les servirez.

COMPOTE D'ABRICOTS.

Vous prendrez dix beaux abricots bien jaunes et d'une belle couleur; vous les couperez par moitié; vous les pèlerez et vous en ôterez les noyaux. D'autre part, vous ferez bouillir trois pintes d'eau de fontaine dans un poêlon; lorsqu'elle bouillira, vous y jetterez vos abricots, et après leur avoir fait prendre cinq ou six bouillons, vous les retirerez du feu et vous les jetterez dans de l'eau fraîche, pour les y laisser refroidir. Vous les mettrez ensuite sur un tamis pour les faire égoutter; puis, vous mettrez dans le poêlon d'office une pinte de sucre cuit au petit lissé (voyez cet article) et vous le poserez sur le feu. Quand il bouillira, vous y mettrez vos abricots, vous leur ferez prendre huit ou dix bouillons; vous les sortirez ensuite du sucre et vous les dresserez sur un compotier. Vous ferez réduire le sucre à moitié, et au moment de servir, vous les verserez par-dessus vos abricots que vous servirez ainsi.

AUTRE MANIÈRE.

Lorsque vous aurez pelé dix beaux abricots, vous casserez les noyaux pour en retirer les amandes, vous les pèlerez et vous les jetterez dans de l'eau fraîche avec les abricots, que vous retirerez de suite pour les mettre sur un tamis et les faire égoutter. Vous mettrez ensuite dans un poêlon d'office une demi-livre de sucre blanc en poudre, une pinte d'eau claire et un demi-blanc d'œuf; vous le poserez sur le feu et vous l'écumerez quand il commencera à bouillir. Étant écumé, vous y mettrez vos abricots avec leurs amandes, vous les ferez bouillir cinq ou six minutes dans ce sucre et vous les écumerez encore. Au bout de ce temps vous sortirez les abricots, vous les mettrez sur un compotier et vous mettrez une amande sur chaque moitié d'abricot. Cela fait, vous ferez réduire le sucre à moitié, le passerez à travers un linge, et lorsqu'il sera froid, vous le verserez sur vos abricots, les saupoudrerez de sucre, et servirez.

COMPOTE D'ABRICOTS VERTS.

Prenez des abricots verts et cueillis quelque temps avant leur maturité, pelez-les légèrement, piquez-les avec une grosse épingle du côté de la queue, et jetez-les à mesure dans de l'eau fraîche que vous aurez mise dans un poêlon d'office. Cela fait, vous changerez leur eau et vous en mettrez d'autre. Vous y ajouterez une poignée de sel et un verre de vinaigre ou bien un peu de couperose bleue; vous poserez ce poêlon sur le feu en le faisant frémir pendant trois quarts d'heure. Au bout de ce temps vous sortirez les abricots et vous les jetterez dans de l'eau fraîche. Ensuite vous mettrez une pinte et demie de sucre cuit au petit lissé dans un poêlon d'office que vous poserez sur le feu, et lorsqu'il bouillira, vous y jetterez les abricots pour les achever de cuire. Vous les tâterez de temps à autre avec une grosse épingle, et lorsque celle-ci entrera facilement à travers, leur cuisson sera faite. Vous les sortirez alors et vous les dresserez sur un compotier. Vous ferez réduire le sucre où ils ont cuit, à la nappe, vous les ferez refroidir, et vous les verserez par-dessus vos abricots qui seront prêts alors à être servis.

COMPOTE D'AMANDES VERTES.

Cette compote se fait de la même manière que celle d'abricots verts.

COMPOTE D'ORANGES.

Prenez six belles oranges, ôtez-en avec un petit couteau d'office la peau jaune et blanche qui les recouvre, coupez-les par moitié et mettez-les à mesure sur un tamis. Vous mettrez ensuite dans un poêlon d'office une pinte et demie de sucre cuit au lissé (voyez cet article), et vous le poserez sur le feu. Lorsqu'il aura donné le premier bouillon, vous y mettrez vos oranges, dont vous aurez ôté les pepins; vous leur ferez prendre huit ou dix bouillons; vous les retirerez ensuite et vous les placerez sur un compotier. Faites réduire à moitié le sucre où elles ont cuit; laissez-le refroidir et versez-le par-dessus vos oranges. Mettez une poignée de sucre en poudre au milieu, en forme de pyramide, et servez.

Vous pouvez couper le sirop en mettant moitié eau-de-vie ou madère sec.

COMPOTE DE CITRONS.

Faites une gelée de pomme suivant le procédé que nous avons indiqué à ce sujet (voyez *Gelée de pommes*), et, après l'avoir tirée au clair, remettez-la dans une casserole. Pour l'empêcher de cuire trop, vous y mettrez un peu d'eau et vous la poserez sur le feu. Vous prendrez ensuite deux beaux citrons d'Italie, vous les pèlerez jusqu'à la chair, vous les couperez par tranches, vous ôterez les pepins et vous mettrez ces tranches dans votre gelée. Vous leur ferez prendre huit à dix bouillons, vous les sortirez ensuite et vous les placerez sur un compotier. Vous ferez cuire la gelée à son degré de cuisson; vous la laisserez refroidir à moitié, et vous la verserez sur vos citrons pour la faire refroidir entièrement; vous n'avez plus alors qu'à servir.

En préparant des compotes telles que celles de framboises, groseilles, cerises, grenades et autres, ayez soin de les faire cuire dans une bassine d'argent, ou du moins de cuivre bien étamé, pour éviter toutes sortes d'inconvénients.

Pour la compote de grenade clarifiez une demi-livre de sucre blanc et faites le cuire à la petite plume. Cinq ou six bouillons avant qu'il ait atteint ce degré de cuisson, vous y jetterez les grains de deux grenades bien mûres et bien rouges; vous leur ferez donner quatre ou cinq bouillons, et vous les

DES COMPOTES.

verserez ensuite avec leur sirop dans un compotier. Dès que la compote sera froide, vous servirez.

COMPOTE DE REINE-CLAUDE.

Prenez un nombre suffisant de reines-claudes, piquez-les avec une fourchette du côté de la queue et jetez-les à mesure dans de l'eau fraîche. Vous ferez ensuite bouillir de l'eau dans une bassine; vous y jetterez une poignée de sel et un peu de verjus. Vous y mettrez également vos prunes; vous sortirez la bassine du feu et vous la placerez sur le coin du fourneau où vous la laisserez pendant cinq minutes. Au bout de ce temps, vous sortirez les prunes et vous les jetterez dans de l'eau fraîche. Cela fait vous clarifierez autant de livres de sucre blanc que vous avez de livres de prunes, et vous le ferez cuire au perlé. Le sucre étant cuit à ce degré, vous ferez égoutter vos prunes, et les jetterez dans le sucre, vous leur ferez donner huit ou dix bouillons, et, lorsque, en les touchant avec une fourchette, vous sentirez qu'elles commencent à s'amollir, vous les sortirez et vous les mettrez dans un compotier. Faites réduire à la grande plume le sucre où elles ont cuit, et versez-le sur vos prunes quand il sera refroidi.

COMPOTE DE VERJUS.

Prenez deux livres de verjus bien beau et bien gros; fendez-le par le côté, ôtez-en les pepins avec une plume coupée en forme de cure-dent, et jetez à mesure le fruit dans de l'eau fraîche pour le retirer après, le mettre sur un tamis, et le faire égoutter. Vous mettrez ensuite de l'eau dans une bassine que vous poserez sur le feu, et lorsqu'elle bouillira, vous y jetterez le verjus et vous retirerez la bassine du feu. Après l'avoir laissée hors du feu pendant dix minutes, vous sortirez le verjus, et vous le mettrez sur un tamis pour le faire égoutter. Cela fait, vous clarifierez deux livres de sucre blanc (voyez *Clarification du sucre*), et, après l'avoir bien écumé, vous le ferez cuire au gros boulé. Quand il aura atteint ce degré de cuisson, vous y jetterez votre verjus ; vous lui ferez prendre cinq ou six bouillons, pour le verser ensuite dans des compotiers, le faire refroidir et le servir.

COMPOTE DE MARRONS.

Prenez un demi-cent de beaux marrons de Lyon, ôtez-en la première peau et jetez-les dans de l'eau bouillante pour en ôter la seconde. Vous les mettrez ensuite dans une bassine avec de l'eau en assez grande quantité pour qu'ils puissent y baigner à l'aise ; vous y ajouterez le jus d'un citron, et vous poserez cette bassine sur le feu. Vous piquerez de temps à autre les marrons, et lorsque l'aiguille y entrera facilement, ce sera une preuve qu'ils seront cuits. Vous les sortirez alors du feu et vous les jetterez dans de l'eau fraîche, dans laquelle vous aurez mis un jus de citron. Vous ferez clarifier vingt onces de sucre blanc et vous le ferez cuire à la petite plume. (Voyez *Clarification et cuisson du sucre.*) Quand il aura atteint ce degré de cuisson, vous y mettrez le jus d'un citron ainsi que vos marrons, après les avoir essuyés avec un linge. Vous leur ferez prendre

DES COMPOTES. 155

cinq ou six bouillons, vous y ajouterez deux cuillerées à bouche d'eau de fleur d'oranger, vous les verserez ensuite dans des compotiers; les laisserez refroidir, et les servirez après.

AUTRE MANIÈRE.

Prenez un demi-cent de marrons, fendez-les, mettez-les dans une poêle percée de trous et faites les griller à petit feu. Lorsqu'ils seront cuits, vous les monderez et vous presserez chaque marron entre vos doigts pour l'aplatir. Quand vous les aurez tous aplatis, vous les mettrez dans une petite bassine ou casserole, avec une pinte de sucre cuit au petit lissé, les zestes et le jus d'une orange. Vous poserez ensuite cette bassine sur le feu, et vous la ferez mijoter pendant vingt minutes. Au bout de ce temps vous retirerez vos marrons de la bassine avec une fourchette; vous les dresserez sur un compotier, puis vous ferez passer le sucre à travers un linge, et vous le remettrez dans la bassine pour le faire cuire au grand perlé. Lorsqu'il aura atteint ce degré de cuisson, vous le verserez par-dessus les marrons; vous saupoudrerez la surface de sucre fin, et avec une pelle que vous aurez fait rougir au feu, vous glacerez vos marrons en la présentant à quatre lignes de distance des fruits. Vous n'aurez plus alors qu'à laisser refroidir la compote et à la servir.

XXIII

DES MARMELADES.

MARMELADE D'ABRICOTS.

Choisissez des abricots bien mûrs, ôtez-en les noyaux, coupez-les par petits morceaux et mettez-les dans une terrine pour les peser. Pour cinq livres de pulpe de fruit, vous prendrez trois livres et demie de sucre raffiné que vous clarifierez et ferez cuire à la plume. (Voyez *Clarification et cuisson de sucre.*) Vous y jetterez alors les abricots et remuerez le tout avec une spatule de bois (voyez la planche, figure V) sans discontinuer, jusqu'à ce que la marmelade soit cuite. Au bout d'une heure vous vous assurerez si elle est cuite, en faisant refroidir un peu de marmelade sur une assiette; si elle s'y prend en gelée, c'est une preuve qu'elle est faite. Vous y ajouterez alors les amandes de noyaux de vos abricots, que vous aurez préalablement mondés; vous verserez ensuite votre marmelade dans des pots pendant qu'elle est chaude, et, lorsqu'elle sera refroidie, vous couvrirez les pots avec des ronds de papier blanc trempés dans de l'eau-de-vie et un papier blanc par-dessus.

Cette quantité fournit ordinairement six livres et demie de marmelade.

MARMELADE D'ABRICOTS, AUTRE MANIÈRE.

Prenez des abricots bien mûrs, ôtez-en les noyaux, coupez le fruit par petits morceaux et mettez-les dans une terrine. Pour cinq livres de pulpe de fruit vous mettrez trois livres et demie de sucre raffiné en poudre, que vous mêlerez avec les abricots. Vous remuerez le tout avec une cuiller de bois, et vous placerez ensuite la terrine dans un endroit frais où vous la laisserez reposer pendant huit heures. Au bout de ce temps, vous verserez vos abricots et le sucre dans une bassine, et vous ferez cuire comme la précédente. Vous suivrez le même procédé pour le reste.

Cette quantité doit fournir le même poids de marmelade que la précédente.

MARMELADE DE PRUNES DE REINE-CLAUDE.

Prenez de belles prunes de reine-claude, bien mûres, et ôtez-en les noyaux. Pour cinq livres de pulpe de fruit, vous mettrez trois livres et demie de sucre raffiné. Quant à tout le reste, vous procéderez de même que pour la marmelade d'abricots, à cette différence près, que vous n'y mettrez pas les amandes des noyaux.

MARMELADE DE MIRABELLES.

Cette marmelade se fait absolument de la même manière que celle d'abricots, excepté que lorsqu'elle est cuite, on ne met point les amandes des noyaux.

MARMELADE DE PÊCHES.

Vous procéderez de même que pour la marmelade d'abricots (voyez *Marmelade d'abricots*, premier et second procédé); vous pouvez y ajouter les amandes des noyaux, comme à celle d'abricots.

MARMELADE DE COINGS.

Vous prendrez un nombre quelconque de coings bien jaunes et presque mûrs, vous les essuierez avec un linge pour les dépouiller du duvet cotonneux qui en recouvre la surface; vous les couperez en quatre, vous en ôterez les pepins et vous mettrez le fruit dans une bassine, avec une quantité suffisante d'eau. Vous poserez cette bassine sur le feu pour faire bouillir. Lorsque les coings seront bien amollis, et qu'en les touchant ils fléchiront sous les doigts, vous les retirerez du feu, et vous les mettrez sur un tamis pour les faire égoutter. Vous poserez ensuite ce tamis sur une terrine, vous écraserez le fruit, et vous ferez passer la pulpe à travers le tamis. Si vous avez six livres de fruit, vous clarifierez six livres de sucre raffiné, et vous le ferez cuire à la grande plume. (voyez *Clarification et cuisson du sucre*). Quand il sera cuit à ce degré, vous y mettrez la purée de vos coings, et vous les remuerez avec une cuiller de bois, sans discontinuer jusqu'à ce que la cuisson soit faite. Pour vous en assurer, prenez-en un peu sur votre cuiller pour la laisser tomber, et si en tombant elle forme une nappe au bout de la cuiller, comme de la gelée, vous pouvez conclure qu'elle est cuite. Vous la verserez alors dans des pots de faïence, et lorsqu'elle sera entièrement froide, vous les couvrirez avec du papier blanc, coupé en rond, que vous aurez trempé dans de l'eau-de-vie; vous mettrez un autre papier par-dessus, que vous ficellerez. Les pots de cette marmelade doivent être placés à l'abri de l'humidité.

AUTRE MANIÈRE.

Vous prendrez la quantité de coings que vous voudrez transformer en marmelade, vous les essuierez avec un linge, comme nous l'avons dit plus haut; vous les couperez par quartiers, vous en ôterez les pepins, et vous mettrez ces quartiers dans une casserole avec une demi-pinte d'eau. Vous poserez cette casserole sur un feu très-doux, vous la couvrirez de son couvercle, et vous laisserez cuire ainsi vos coings jusqu'à ce qu'ils soient en marmelade. Vous les passerez alors à travers un tamis, en pressant le fruit avec une cuiller pour faire passer la pulpe, et vous mettrez votre marmelade dans la casserole. Si vous avez six livres de fruit, vous prendrez six livres de sucre raffiné, vous le concasserez, et vous le mettrez avec la marmelade. Vous poserez la casserole sur le feu et vous remuerez avec une cuiller de bois jusqu'à ce que la marmelade soit cuite. Pour le reste, vous suivrez absolument le même procédé que pour la marmelade de coings.

MARMELADE DE CERISES.

Prenez une quantité quelconque de belles cerises bien mûres, ôtez-en les queues et les noyaux, mettez le fruit à mesure dans une terrine, d'où vous le faites passer dans une bassine. Si vous avez six livres de cerises, vous concasserez quatre livres et demie de sucre raffiné ; vous le mettrez dans la bassine avec vos cerises, et vous poserez cette bassine sur le feu. Remuez avec une cuiller de bois les cerises et le sucre jusqu'à ce que votre marmelade soit faite. Pour vous assurer si elle est cuite, vous en prendrez un peu sur votre cuiller, et si en la faisant tomber de la cuiller elle forme une nappe compacte, c'est une preuve qu'elle est cuite. Vous pouvez aussi en faire refroidir sur une assiette; elle doit se prendre en gelée en refroidissant. Quand elle sera assez cuite, vous la verserez dans des pots de faïence, et après l'avoir laissée refroidir, vous couvrirez les pots avec des ronds de papiers trempés dans de l'eau-de-vie; puis vous mettrez un autre papier par-dessus, que vous ficellerez.

On peut faire cette marmelade en faisant réduire les cerises à moitié. Il faudra alors les jeter dans la même quantité de sucre cuit au gros boulé, faire cuire la marmelade comme nous venons de voir, et la vider dans des pots.

MARMELADE DE FRAMBOISES.

Lorsque vous aurez débarrassé de leurs queues de belles framboises bien mûres, vous les passerez à travers un tamis de crin, pour en séparer les pepins. Vous prendrez alors trois quarterons de sucre par livre de fruits ; vous mettrez l'un et l'autre dans une bassine que vous poserez sur le feu, et vous remuerez avec une cuiller de bois jusqu'à ce que la cuis-

DES MARMELADES.

son soit faite. Pour le reste, vous suivrez le même procédé que pour la marmelade de cerises.

MARMELADE DE VERJUS.

Quand vous aurez mondé deux livres de verjus presque mûr, et que vous en aurez ôté les pepins, vous jetterez le fruit dans de l'eau bouillante, vous sortirez la bassine du feu, et vous y ajouterez le jus d'un citron et un verre d'eau fraîche. Vous laisserez cette bassine hors du feu pendant vingt minutes; puis vous sortirez le verjus étant bien vert, et vous le mettrez sur un tamis pour le faire égoutter; mettez le tamis sur une terrine, et pressez le verjus avec force pour faire passer la pulpe. Cela fait, déposez tout ce qui sera passé, dans une bassine avec une livre et demie de sucre blanc en poudre; mettez-la sur le feu, remuez avec une cuiller de bois le verjus et le sucre, jusqu'à ce que ce mélange soit cuit. C'est ce que vous reconnaîtrez, en prenant un peu de marmelade dans votre cuiller, pour la faire tomber dans la bassine. En effet, si en tombant elle forme une nappe compacte au bord de votre cuiller, vous pouvez la regarder comme suffisamment cuite. Vous la verserez alors dans des pots de faïence et vous la couvrirez comme la marmelade de cerises.

MARMELADE DE CITRONS.

Prenez douze citrons de ceux qui sont le plus en écorce et coupez-les par quartier dans leur longueur. Comme l'écorce seule doit servir, vous en ôterez la pulpe renfermant le jus, avec un couteau d'office, et vous jeterez les écorces dans de l'eau fraîche. Cela fait, vous mettrez ces écorces dans une bassine avec assez d'eau pour qu'elles puissent y baigner; vous poserez cette bassine sur le feu pour faire bouillir une demi-heure, ou plus longtemps encore, jusqu'à ce que les écorces soient entièrement cuites. Lorsqu'en les prenant avec vos doigts, elles s'écraseront facilement, vous les sortirez du feu et vous les jetterez dans de l'eau fraîche. Au bout d'une heure ou deux vous les sortirez pour les faire égoutter; puis, vous les passerez à travers un tamis de crin, en les pressant bien avec une cuiller de bois pour faire passer également la pulpe. Lorsqu'il ne restera plus rien sur le tamis, vous mettrez le fruit dans une bassine avec autant de sucre en poudre; c'est-à-dire si vous avez une livre de fruit, vous prendrez une livre de sucre raffiné en poudre, vous poserez la bassine sur le feu et vous remuerez avec une cuiller de bois jusqu'à ce que la marmelade soit faite. Pour vous en assurer, vous n'aurez qu'à en laisser refroidir un peu sur une assiette; si elle prend alors la consistance d'une gelée, vous pouvez la regarder comme cuite. Il y a encore une autre manière de la faire. Lorsque vous aurez fait cuire vos écorces et les aurez passées à travers le tamis, comme nous venons de le voir, vous les jetterez dans la même quantité de sucre que vous aurez clarifié et fait cuire au gros boulé. Après avoir fait donner à ce mélange huit ou dix bouillons, vous le sortirez du feu, pour le verser dans des pots.

DES MARMELADES.

On fait de la même manière la marmelade de cédrats, de limons, d'oranges et de bigarades.

MARMELADE DE POIRES.

Vous prendrez six livres de poires de rousselet, vous les pèlerez, vous les couperez par quartiers pour en ôter le cœur, et vous les jetterez à mesure dans de l'eau fraîche, que vous aurez mise préalablement dans une bassine. Cela fait, vous poserez la bassine sur le feu pour faire bouillir. Quand les poires seront assez tendres, vous les ôterez du feu pour les faire égoutter, et vous les mettrez sur un tamis de crin, sur lequel vous les écraserez, pour faire passer la pulpe à travers. Vous clarifierez ensuite cinq livres de sucre blanc, que vous ferez cuire au gros boulé. (Voyez *Clarification et cuisson du sucre.*) Étant à ce degré de cuisson, vous y mêlerez la pulpe des poires, et vous remuerez avec une cuiller de bois sans discontinuer, jusqu'à ce que le tout soit cuit à consistance de marmelade, que vous verserez dans des pots, comme nous venons de voir pour les marmelades précédentes.

Toutes les marmelades de poires se préparent de la même manière.

AUTRE PROCÉDÉ.

Lorsque les poires seront cuites et passées au tamis selon la méthode que nous venons d'indiquer, vous mettrez la pulpe dans une bassine avec cinq livres de sucre blanc en poudre; vous la poserez sur le feu, et vous remuerez avec une cuiller de bois, sans discontinuer, jusqu'à ce que la marmelade soit cuite.

Quand elle aura la consistance de gelée, vous la mettrez dans des pots, le tout comme pour les précédentes.

MARMELADE DE POMMES.

Lorsque vous aurez pelé six livres de pommes, vous les couperez par quartiers pour en ôter le cœur, et vous les jetterez dans de l'eau fraîche. Vous les sortirez ensuite, et vous les ferez égoutter sur un tamis pendant dix minutes. Au bout de ce temps, vous mettrez vos pommes dans une casserole, que vous couvrirez de son couvercle, et que vous poserez sur le feu. Ayez soin surtout de les remuer de temps à autre, de crainte qu'elles ne s'attachent au fond. Lorsque vos pommes seront réduites en marmelade, vous les passerez à travers un tamis de crin; puis vous les remettrez dans la casserole avec trois livres de sucre blanc en poudre, et l'écorce d'un citron ou d'une orange. Vous remuerez le tout avec une cuiller de bois, sans discontinuer, jusqu'à ce que la marmelade soit cuite. Pour vous en assurer, vous n'aurez qu'à prendre un peu de marmelade entre vos deux doigts que vous appuierez l'un contre l'autre. Si, en les écartant ensuite, le fil se tient, vous pourrez regarder la marmelade comme étant faite. Vous la retirerez alors du feu, et vous la verserez dans des pots comme les précédentes.

MARMELADE DE VIOLETTE.

Prenez deux livres de violettes de mars, cultivées; mondez-les de leur queue et de leur calice, et mettez-les dans un mortier pour les broyer. Vous clarifierez ensuite deux livres et demi de sucre raffiné et vous le ferez cuire à la grande plume. (Voyez *Clarification et Cuisson du sucre*.) Le sucre ayant atteint ce degré de cuisson, vous y mêlerez les violettes, vous y ajouterez douze onces de gelée de pommes, et, immédiatement après, vous sortirez la bassine du feu sans faire bouillir la violette. Vous agiterez cette marmelade, avec une cuiller de bois, pendant dix minutes ; vous la verserez après dans des pots de faïence, et quand elle sera froide, vous la couvrirez avec des ronds de papier, de même que les précédentes.

On y ajoute la gelée de pommes pour empêcher le sucre de candir, et on emploie de préférence la violette cultivée, parce qu'elle est meilleure que celle des bois.

MARMELADE DE FLEURS D'ORANGER.

Prenez une demi-livre de fleurs d'oranger, épluchez-les bien, et jetez-les à mesure dans de l'eau fraîche que vous aurez mise préalablement dans une bassine. Vous y mettrez ensuite le jus de deux citrons, vous poserez votre bassine sur le feu, et vous ferez bouillir pendant un quart d'heure. Au bout de ce temps vous tâterez votre fleur d'oranger, en prenant quelques feuilles avec vos doigts. Si elle est bien tendre et qu'elle s'écrase facilement, vous la retirerez de l'eau bouillante avec une cuiller percée de trous, et vous la jetterez dans de l'eau fraîche, dans laquelle vous aurez mis le jus d'un citron.

Au bout d'un quart d'heure, vous l'en retirerez

avec une écumoire et vous la mettrez sur un tamis pour la faire égoutter. Vous la presserez légèrement pour faire sortir l'eau, et vous la pilerez ensuite dans un mortier de marbre, jusqu'à ce qu'elle soit réduite en pâte bien fine. Vous clarifierez alors une livre de sucre raffiné et vous le ferez cuire à la plume. (Voyez cet article). Vous y jetterez votre fleur d'oranger pilée et une demi-livre de gelée de pomme (Voyez *Gelée de pomme*). Vous délayerez bien le tout avec une cuiller de bois, et sortirez la bassine du feu pour qu'elle ne bouille pas. Lorsque le tout sera bien délayé, vous verserez votre marmelade dans des pots, vous laisserez refroidir, et vous les couvrirez ensuite avec du papier, comme nous l'avons dit plus haut.

XXIV

DES GELÉES.

GELÉE DE GROSEILLES.

Égrenez quatre livres de groseilles rouges, une livre de blanches et une livre de framboises ; mettez le tout sur un tamis de crin, écrasez et pressez bien pour faire passer le suc à travers. Passez ensuite ce suc à travers une chausse, mesurez-le avec une pinte, et mettez-le dans une bassine, avec autant de livres de sucre raffiné qu'il y aura de pintes de suc de fruits. Posez ensuite la bassine sur le feu pour faire bouillir, en ayant soin toutefois d'écumer au bout de quelques minutes d'ébullition. Trempez l'écumoire dans la bassine, et retirez-la aussitôt pour faire égoutter la liqueur qu'elle contient. Si cette liqueur, en tombant de l'écumoire, forme une nappe, c'est une preuve que votre gelée est faite. Pour mieux vous en assurer encore, faites refroidir un peu de cette liqueur sur une assiette ; vous n'avez qu'à regarder alors si elle se prend en gelée. En ce cas, vous la viderez dans des pots de faïence ou de verre, et lorsqu'elle sera froide, vous couvrirez la surface des pots avec des ronds de papier trempés dans de l'eau-de-vie ; vous mettrez du papier sec par-dessus, et vous serrerez vos pots dans un endroit sec.

On peut aussi, après avoir passé le suc du fruit à

travers le tamis, le mesurer et le mettre dans la bassine avec le sucre comme nous venons de le dire, sans le passer à travers la chausse. Mais alors il faut l'écumer davantage.

GELÉE DE CERISES.

Prenez quatre livres de belles cerises, bien mûres; mettez-les sur un tamis de crin, écrasez et pressez-les pour faire passer le suc à travers. Mettez ce suc dans une bassine, avec autant de livres de sucre blanc que vous aurez de chopines de suc, posez le tout sur le feu et faites bouillir. Lorsque vous l'aurez bien écumé, vous en mettrez un peu sur une assiette pour faire refroidir; s'il se prend en gelée, vous retirerez la bassine du feu et vous verserez votre gelée dans des pots. Après l'avoir laissé entièrement refroidir, vous couvrirez ces pots avec des ronds de papier blanc, trempés dans de l'eau-de-vie, et vous mettrez par-dessus un autre papier sec.

AUTRE MANIÈRE.

Lorsque vous aurez passé le jus des cerises à travers le tamis, vous le passerez encore à travers une chausse. D'autre part, vous ferez cuire du sucre au petit cassé, en en prenant la même quantité que vous aurez de chopines de jus de cerises. Le sucre ayant atteint ce degré de cuisson, vous y jetterez le jus du fruit, vous ferez bouillir le tout pendant dix à douze minutes; puis vous en ferez refroidir un peu sur une assiette, comme nous venons de le dire, et vous suivrez pour le reste le même procédé.

GELÉE DE CASSIS.

Prenez six livres de beau cassis bien mûr, mettez-le dans un tamis, posez ce tamis sur une terrine dans laquelle vous aurez mis trois livres de sucre raffiné. Prenez ensuite le cassis, faites passer le suc à travers le tamis, et faites-le tomber sur le sucre pour empêcher le suc de se coaguler. Vous y ajouterez aussi le jus d'un citron, et vous remuerez de temps à autre avec une cuiller de bois. Aussitôt que le cassis sera pressé, vous mettrez le liquide dans une bassine et vous la poserez sur le feu. Vous l'écumerez bien dès qu'il commencera à bouillir, et au bout de quelques minutes d'ébullition, vous tremperez l'écumoire dans la bassine. Si, en la retirant, la liqueur forme la nappe en la faisant tomber de l'écumoire, votre gelée sera faite; ou bien encore, vous en ferez refroidir un peu sur une assiette, et vous examinerez si, étant refroidie, elle se lève de l'assiette sans s'attacher.

GELÉE D'ÉPINES-VINETTES.

Égrenez six livres de belles épines-vinettes bien mûres et bien rouges, mettez-les dans une bassine avec deux chopines d'eau de fontaine, posez-la sur un grand feu et faites bouillir pendant un quart d'heure. Au bout de ce temps, vous verserez le tout sur un tamis de soie, pour presser et faire passer le suc du fruit; cela fait, vous mettrez ce suc dans une bassine, avec autant de livres de sucre raffiné que vous aurez de chopines de suc. Posez ensuite la bassine sur le feu, et lorsque la liqueur commencera à bouillir, écumez-la bien. Au bout de quelques minutes d'ébullition, vous tremperez l'écumoire dans la bassine, et si la liqueur forme la nappe en tombant de l'écumoire, votre gelée sera faite. Vous n'aurez plus alors qu'à la verser dans des pots et la couvrir comme les précédentes.

GELÉE D'AZEROLES (1).

Lorsque vous aurez ôté la queue à quatre livres d'azeroles, vous les couperez par morceaux, c'est-à-dire par moitié, et vous les mettrez dans un poêlon d'office, avec trois pintes d'eau filtrée et le jus d'un citron; vous poserez le tout sur le feu pour faire bouillir. Aussitôt que le fruit sera en marmelade et que l'eau sera réduite d'un tiers, vous verserez le tout dans un linge propre, que vous tordrez fortement pour extraire le jus du fruit; vous pèserez alors ce jus, vous le mettrez dans une bassine avec une égale quantité de sucre raffiné et concassé, et un blanc d'œuf que vous délayerez avec le jus du fruit. Vous poserez la bassine sur le feu, et lorsque la liqueur commencera à bouillir, vous en ôterez l'écume, et pour le reste vous ferez cuire comme la gelée de pommes. (Voyez cet article.)

GELÉE DE COINGS.

Vous prendrez trois livres de coings bien jaunes

---

(1) L'azerolier est une espèce de néflier qu'on cultive en Italie et dans le midi de la France. On le nomme aussi pommette. Ses fruits, d'abord verts, deviennent rouges en mûrissant; ils contiennent trois osselets pierreux, et sont d'un goût agréable.

et presque mûr, vous les essuierez avec un linge pour en ôter le duvet, vous les couperez par morceaux, vous en ôterez le cœur et vous les jetterez à mesure dans une bassine avec trois pintes d'eau ; puis vous poserez cette bassine sur le feu, et lorsque le fruit sera tombé en marmelade et que l'eau sera réduite d'un tiers, vous verserez le tout sur un tamis de soie, à travers lequel vous ferez passer le jus, en pressant le fruit avec une cuiller de bois. Vous mesurerez ce jus, vous le mettrez dans une bassine, vous y délayerez un blanc d'œuf, et vous y mêlerez autant de livres de sucre raffiné que vous aurez de chopines de jus de fruit. Lorsque la liqueur sera près de bouillir, vous l'écumerez bien et vous la ferez encore cuire jusqu'à la consistance de gelée. Pour vous en assurer, vous n'aurez qu'à tremper l'écumoire dans la bassine, et si la liqueur forme la nappe, en la faisant tomber de l'écumoire, votre gelée sera faite. Vous la verserez dans des pots comme les précédentes.

Si vous voulez faire cette gelée rouge, vous ajouterez un peu de cochenille préparée. (Voyez *Couleurs*.)

GELÉE BLANCHE DE POMMES.

Prenez six livres de belles pommes de reinette ou de calville, pelez-les, coupez-les par petits quartiers, ôtez-en le cœur, et jetez-les à mesure dans une bassine ou vous aurez mis quatre pintes d'eau et le jus de deux citrons. Cela fait, vous poserez la bassine sur un grand feu pour faire bouillir. Lorsque les pommes seront en marmelade et que vous aurez réduit l'eau d'un tiers, vous verserez le tout sur un tamis de soie sous lequel vous aurez mis une terrine pour recevoir le liquide. Vous presserez bien les pommes pour faire passer le jus à travers le tamis. Vous passerez ensuite ce jus à travers une chausse. D'autre part vous aurez fait cuire au gros boulé autant de sucre raffiné que vous aurez de jus de fruit, c'est-à-dire une livre de sucre par chopine de jus de pommes. Le sucre étant arrivé à ce degré de cuisson, vous y mêlerez le jus de vos pommes, après l'avoir fait passer à travers la chausse, et vous agiterez ce mélange avec l'écumoire, pour que le sucre se mêle avec le jus du fruit. Vous continuerez à faire bouillir la liqueur jusqu'à consistance de gelée. Lorsqu'elle tombera en nappe de l'écumoire, votre gelée sera faite. Pour vous assurer davantage de la cuisson, vous en ferez refroidir un peu sur une assiette où elle doit se prendre en gelée.

Vous pouvez aussi faire cette gelée comme celle de coings, sans avoir besoin de faire cuire le sucre au boulé, et de passer le jus de fruit à travers la chausse ; elle sera aussi claire et aussi bien faite que de toute autre manière. Vous pouvez aussi aromatiser cette gelée avec le zeste d'un citron ou d'une orange, ou bien avec la moitié d'une gousse de vanille ; mais alors il faudra la passer à travers un tamis de soie, avant de la verser dans les pots.

XXV

DES CONFITURES.

GROSEILLES CONFITES EN GRAPPES OU GELÉE DE BAR.

Egrenez quatre livres de belles groseilles rouges ou blanches, et au moyen d'une plume coupée en cure-dent, ôtez-en les pepins. D'autre part, vous clarifierez et ferez cuire au gros boulé trois livres de sucre raffiné. (Voyez *Clarification et Cuisson du sucre.*) Etant à cette cuisson, vous y mêlerez vos groseilles et vous les agiterez avec l'écumoire, pour que le sucre se mêle avec le fruit. Lorsque ce mélange sera près de bouillir, vous l'écumerez bien, et vous le laisserez encore bouillir pendant quelques minutes. Pour savoir si cet appareil est arrivé au degré de cuisson voulu, vous tremperez l'écumoire dans la bassine, et vous la retirerez aussitôt. Si vous voyez que la liqueur forme la nappe en tombant de l'écumoire, votre gelée est faite. Vous pouvez aussi en faire refroidir un peu sur une assiette ; et si ce liquide s'y prend en gelée, vous pouvez regarder la cuisson comme achevée. Vous verserez alors votre gelée dans des pots que vous couvrirez après les avoir laissés refroidir, avec des ronds de papier trempés dans de l'eau-de-vie et surmontés d'un second papier sec.

CONFITURE DE CERISES.

Prenez quatre livres de belles cerises fraîchement

cueillies, ôtez-en les noyaux et les queues sans trop les froisser, et mettez le fruit dans une bassine avec trois livres de sucre blanc en poudre. Vous poserez cette bassine sur un feu doux, vous agiterez doucement ce mélange avec l'écumoire, et lorsqu'il commencera à bouillir, vous en ôterez l'écume, et vous laisserez bouillir le tout pendant huit à dix minutes, jusqu'à ce que le sucre soit au gros perlé. Vous retirerez alors la bassine du feu, et vous verserez la confiture dans des pots que vous couvrirez comme les gelées, quand ils seront entièrement refroidis.

PRUNES DE REINE-CLAUDE CONFITES AU SUCRE.

Prenez la quantité de prunes de reine-claude que vous voudrez faire confire, coupez-en le bout de la queue et piquez avec une fourchette à l'entour, pour les jeter à mesure dans une bassine remplie d'eau fraîche. Cela fait, vous poserez la bassine sur un feu doux, et lorsque l'eau sera chaude au point de ne pas pouvoir y tenir le doigt, vous la retirerez du feu, vous enlèverez les prunes avec une écumoire, et vous les jetterez à mesure dans de l'eau fraîche. Au bout de quatre heures, vous les en sortirez et vous les remettrez dans la bassine, avec la même eau dans laquelle elles auront été blanchies. Vous y ajouterez un verre de verjus ou un peu de couperose bleue, et vous poserez la bassine sur un feu doux, en ayant soin de les remuer de temps en temps avec une spatule de bois. Lorsque l'eau commencera à frémir et que les prunes seront reverdies, vous les retirerez du feu et vous les jetterez dans de l'eau fraîche. D'autre part, vous aurez clarifié et fait cuire au petit lissé du sucre raffiné (Voyez cet article). Etant à ce degré de cuisson, vous y jetterez vos prunes après les avoir fait égoutter, et vous leur ferez prendre un bouillon. Vous verserez ensuite le tout dans une terrine et vous le laisserez reposer pendant vingt-quatre heures. Au bout de ce temps, vous retirerez le sucre de vos prunes, vous le mettrez dans une bassine, et vous le ferez cuire au gros boulé. Lorsqu'il aura atteint cette cuisson, vous y jetterez vos prunes, vous leur ferez prendre quelques bouillons, et après les avoir fait refroidir à moitié, vous les verserez dans des pots que vous ne boucherez que lorsqu'elles seront entièrement froides.

Si les prunes étaient trop mûres lorsque vous les ferez blanchir la première fois, vous y ajouteriez un peu d'alun pour les empêcher de se mettre en marmelade. Pour cent prunes de reine-claude vous emploierez six livres de sucre; vous pourrez les reverdir avec de la couperose bleue ou du sulfate de cuivre. (Voyez *Reine-claude à l'eau-de-vie*.)

MIRABELLES CONFITES AU SUCRE.

Prenez des mirabelles bien jaunes sans être trop mûres, piquez-les avec une fourchette et jetez-les à mesure dans une bassine, où vous aurez mis de l'eau fraîche en assez grande quantité pour qu'elles y baignent à l'aise. Vous poserez ensuite la bassine sur le feu, et vous y ajouterez un peu d'alun. Lorsque l'eau commencera à frémir, vous retirerez la bassine du feu, et vous jetterez vos mirabelles dans l'eau fraîche. Pour le reste, vous procéderez de la même manière que pour les prunes de reine-claude confites au sucre.

PRUNES DE PERDRIGONS CONFITES AU SUCRE.

Ces prunes se confisent de la même manière que les prunes de reine-claude confites au sucre.

PÊCHES CONFITES AU SUCRE.

Prenez de belles et grosses pêches qui ne soient pourtant pas trop mûres, piquez-les avec une fourchette, et jetez-les à mesure dans une bassine où vous aurez mis de l'eau en assez grande quantité pour qu'elles y baignent à l'aise. Vous poserez ensuite la bassine sur le feu pour faire blanchir, et lorsque vos pêches fléchiront sous le doigt, vous les retirerez du feu et vous les jetterez dans de l'eau fraîche. D'autre part, vous clarifierez du sucre, vous le ferez cuire au petit lissé et vous y jetterez vos pêches, que vous aurez fait égoutter d'avance.

Après leur avoir fait prendre un bouillon ou deux, vous les sortirez avec une écumoire, vous les mettrez dans une terrine et vous verserez le sucre par-dessus. Au bout de vingt-quatre heures vous retirerez le sucre de vos pêches et vous le ferez cuire au gros perlé. Lorsqu'il aura atteint cette cuisson, vous y jetterez vos pêches, vous leur ferez prendre quelques bouillons, et vous retirerez ensuite la bassine du feu. Quand le fruit sera à moitié froid, vous le mettrez dans des pots que vous boucherez pour les placer dans un endroit sec et vous en servir au besoin.

Vous prendrez autant de livres de sucre que vous aurez de livres de fruit. Lorsque vous empotez votre fruit, avant de verser le sucre par-dessus, il faut le faire cuire au gros boulé.

MARRONS CONFITS AU LIQUIDE.

Prenez de beaux marrons de Lyon, ôtez-en la première peau et jetez-les ensuite dans une bassine d'eau bouillante placée sur le feu. Vous leur ferez prendre quelques bouillons pour les faire blanchir. Lorsqu'en les piquant avec une épingle, vous n'éprouverez aucune résistance, vous pourrez les regarder comme suffisamment blanchis. Vous les sortirez alors du feu, vous les ferez égoutter, vous en ôterez la seconde peau, et vous jetterez à mesure vos marrons dans de l'eau fraîche, mêlée avec le jus d'un citron ou un peu de verjus. Vous clarifierez du sucre et vous le ferez cuire au petit lissé; puis vous ferez encore égoutter vos marrons, vous les mettrez dans une terrine et verserez ce sucre bouillant par-dessus. Au bout de douze heures, vous retirerez le sucre des marrons et vous le ferez cuire au perlé. Vous y jetterez les marrons pour leur faire prendre un bouillon ou deux et vous les verserez ensuite dans la terrine. Au bout de vingt-quatre heures, vous recommencerez la même manœuvre, puis vous les mettrez dans des pots que vous boucherez bien pour vous en servir au besoin.

Pour les tirer à sec, vous suivrez le même procédé que pour les figues.

Ces marrons sont excellents pour les servir en compote. A cet effet on les dresse dans un compotier, avec un peu de sirop, et on les pose sur la table.

DES FIGUES CONFITES AU LIQUIDE.

Prenez des figues, quelque temps avant leur maturité, piquez-les du côté de la queue avec une grosse épingle et jetez-les à mesure dans de l'eau fraîche, dans laquelle vous aurez mis un peu d'alun en poudre. Posez ensuite la bassine sur le feu, et dès que l'eau sera près de bouillir, vous l'en retirerez pour ajouter un peu de couperose bleue et reverdir le fruit. D'autre part, vous clarifierez du sucre raffiné et vous le ferez cuire au petit lissé. Faites ensuite égoutter vos figues, mettez-les dans une terrine de grès et versez le sucre bouillant par-dessus. Au bout de douze heures vous séparerez le sucre d'avec les figues, vous le ferez cuire au perlé et vous le jetterez de nouveau sur les figues, pour les y laisser pendant vingt-quatre heures. Vous retirerez alors le sucre d'avec les figues, vous le ferez cuire au gros perlé, vous y jetterez encore les figues, vous leur ferez prendre un bouillon et vous verserez ensuite le tout dans la terrine, pour empoter vos figues après les avoir laissés refroidir.

Pour les tirer à sec, on les retire du sucre, on les met sur des feuilles d'office et on les fait sécher à l'étuve. On les trempe ensuite dans du sucre cuit à la grande plume, qu'on a sablé, et on les fait encore sécher à l'étuve pour les mettre ensuite dans des boîtes couvertes de papier.

On peut les saupoudrer de sucre blanc au lieu de les tremper dans du sucre à la plume sablé.

GINGEMBRE CONFIT AU SUCRE.

Vous choisirez de beau gingembre bien tendre et d'une couleur jaune doré. Lorsque vous l'aurez bien mondé, paré et jeté à mesure dans une bassine remplie d'eau froide, vous le passerez sur un feu vif pour le faire bouillir jusqu'à ce que le gingembre fléchisse sous les doigts. Alors vous le retirez de la bassine avec une écumoire, vous le jetterez à mesure dans de l'eau fraîche, vous le laisserez à l'eau courante pendant vingt-quatre heures, ou bien vous le mettrez dans une terrine et le changerez d'eau toutes les trois ou quatre heures, pendant vingt-quatre heures. Au bout de ce temps, vous le mettrez sur un tamis pour le faire égoutter. D'autre part, vous ferez clarifier du sucre et vous le ferez cuire au petit lissé. (Voyez *Clarification et Cuisson du sucre.*) Lorsque le sucre sera froid, vous sécherez bien le gingembre avec un linge, le mettrez dans une terrine, le verserez par-dessus et le laisserez ainsi pendant douze heures. Ce temps étant passé, vous séparerez le sucre d'avec le gingembre, le ferez bouillir, l'écumerez, et lorsqu'il sera froid, vous le jetterez sur le gingembre. Le quatrième jour, vous ferez cuire le sucre au grand lissé, ayant soin de l'écumer toujours et de le verser tout bouillant sur le gingembre ; le cinquième jour vous ferez cuire le sucre au perlé et vous opérerez de même que le quatrième jour ; ensuite vous mettrez votre confiture dans des pots, que vous boucherez bien avec des bouchons de liége et un papier par-dessus. Il faut huit livres de sucre pour sept livres de gingembre.

ABRICOTS CONFITS AU SUCRE.

Vous prendrez quatre livres d'abricots, qui ne soient ni trop mûrs ni trop verts, vous leur ferez une légère entaille au côté opposé de la queue, et, au moyen d'une grosse épingle, que vous enfoncerez du côté de la queue, vous pousserez le noyau pour le faire sortir du côté opposé, c'est-à-dire par la légère entaille que vous aurez faite. Vous mettrez ensuite de l'eau dans une bassine, quand elle bouillira, vous y jetterez les abricots, vous sortirez la bassine du feu, vous retirerez les abricots avec une écumoire, et vous les jetterez dans de l'eau fraîche pour les retirer de suite, et les mettre dans un tamis pour les faire égoutter. D'autre part, vous clarifierez quatre livres de sucre que vous ferez cuire au petit lissé. Dès qu'il aura atteint ce degré de cuisson, mettez-y les abricots un à un, faites-leur prendre deux ou trois bouillons et retirez-les ensuite du feu, pour les laisser refroidir : le tout pour que le fruit jette son humidité et son eau, et qu'il prenne le sucre. Au bout de six heures, vous sortirez le fruit du sucre un à un et vous ferez cuire ce sucre au fort perlé. Étant à ce degré, vous y remettrez les abricots un à un, vous leur ferez prendre huit ou dix bouillons, puis vous mettrez les abricots dans des pots. Vous ferez cuire le sucre à la grande plume et vous le verserez par-dessus les abricots, que vous laisserez refroidir pour les boucher et vous en servir au besoin.

POIRES DE ROUSSELET, DE BLANQETTE ET DE MUSCAT CONFITES AU SUCRE.

Vous prendrez la quantité de poires de rousselet que vous voudrez faire confire, sans être trop mûres; vous les mettrez dans une bassine avec une quantité d'eau suffisante; vous les poserez sur le feu pour leur faire donner huit à dix bouillons; ensuite vous les retirerez du feu et vous les jetterez dans de l'eau fraîche pour les faire refroidir. Vous les pèlerez légèrement, vous en couperez le bout de la queue, vous les piquerez avec une grosse aiguille de part en part, et vous les jetterez à mesure dans de l'eau fraîche, dans laquelle vous aurez mis un verre de verjus ou le jus de quelques citrons. Dès que vos poires seront pelées et piquées, vous passerez la bassine sur un feu gai pour faire bouillir les poires pendant huit ou dix minutes, jusqu'à ce que la pointe du couteau y entre facilement. Alors vous les sortirez du feu et vous les jetterez de nouveau dans de l'eau fraîche. Quand elles seront refroidies, vous les retirerez et vous les mettrez sur un tamis pour les faire égoutter. Cela fait, vous clarifierez du sucre raffiné et vous le ferez cuire au petit lissé; vous jetterez vos poires dedans, vous leur ferez prendre trois ou quatre bouillons; puis vous les retirerez du feu et vous les verserez dans une terrine, pour les laisser ainsi pendant douze heures. Au bout de ce temps, vous les égoutterez, puis vous ferez cuire ce même sucre au gros perlé. Quand il sera à ce degré de cuisson, vous y jetterez vos poires et vous leur ferez prendre quatre bouillons; après quoi vous les retirerez du feu, vous dresserez vos poires dans des pots, vous verserez le sucre par-dessus, et quand elles seront entièrement refroidies vous les recouvrirez.

Les blanquettes et les muscates se confisent de la même manière; les poires de beurré, d'orange, de certeau et la bergamote se confisent également de même; mais comme elles sont plus grosses, on les coupe par moitié et par quartier; à mesure qu'on leur fait prendre des bouillons dans le sucre, il faut avoir soin d'écumer.

CONFITURES DE COINGS.

Vous prendrez des coings presque mûrs et bien jaunes, vous les pèlerez, vous les couperez par quartiers, vous en ôterez le cœur et jetterez les fruits à mesure dans une bassine, où vous aurez mis de l'eau suffisamment pour qu'ils y baignent à l'aise. Cela fait, vous poserez la bassine sur le feu et ferez bouillir pendant dix minutes. Au bout de ce temps vous la retirerez du feu, vous jetterez vos coings dans de l'eau fraîche, et, lorsqu'ils seront froids, vous les sortirez et les mettrez sur un tamis pour les faire égoutter. Pour le reste, vous procéderez en tout, de même que pour les poires. (Voyez *Poires confites au sucre.*)

ORANGES CONFITES AU SUCRE.

Vous prendrez de belles oranges de Portugal, dont l'écorce soit bien épaisse, vous leur ferez une ouverture en rond du côté de la queue par laquelle vous les viderez avec une petite cuiller à café. Vous ferez bouillir ensuite de l'eau dans une bassine, et, dès qu'elle bouillira, vous y jetterez les oranges et vous sortirez la bassine du feu immédiatement après. Au bout de trois minutes, vous retirerez les oranges de la bassine, vous les jetterez dans de l'eau fraîche, et vous les y laisserez dix minutes ou un quart d'heure. Pendant ce temps vous clarifierez du sucre et vous le ferez cuire au lissé. Étant à ce degré, vous y jetterez les oranges, vous leur ferez prendre cinq ou six bouillons; puis vous les sortirez une à une, et les mettrez dans une terrine; vous verserez le sucre par-dessus, pour les laisser ainsi pendant dix heures. Au bout de ce temps vous égoutterez le sucre, vous le ferez cuire au perlé, vous y mettrez vos oranges et vous leur ferez prendre quelques bouillons. Vous les retirerez ensuite une à une, et les mettrez dans la terrine; vous verserez le sucre par-dessus, et vous les laisserez refroidir pendant six heures. Ce temps passé, vous égoutterez le sucre, vous le ferez cuire au gros perlé, vous y mettrez vos oranges et vous leur ferez prendre trois ou quatre bouillons, ayant soin de toujours bien écumer le sucre. Après quoi vous placerez les oranges dans des pots, vous verserez le sucre par-dessus, et quand le tout sera froid, vous couvrirez les pots, les placerez dans un endroit sec, pour vous en servir au besoin.

CITRONS CONFITS AU SUCRE.

Vous prendrez de beaux citrons de Naples, dont

l'écorce soit bien épaisse, vous les mettrez dans une bassine avec la quantité d'eau suffisante, et vous les ferez bouillir pendant un quart d'heure. Au bout de ce temps vous les retirerez du feu et vous les jetterez dans de l'eau fraîche. Quand ils seront froids, vous leur ferez une ouverture du côté de la queue avec un couteau d'office, vous les viderez avec une petite cuiller à café et vous les jetterez à mesure dans de l'eau fraîche, dont vous les retirerez pour les faire égoutter. Ensuite vous ferez cuire du sucre au petit lissé (voyez *Cuisson du sucre*), vous y jetterez les citrons, vous leur ferez prendre trois bouillons ; puis vous retirerez la bassine du feu, écumerez et verserez le tout dans une terrine pour le laisser ainsi douze heures. Ce temps passé, vous égoutterez le sucre des citrons et le ferez cuire à la nappe. Étant à ce degré, vous y mettrez les citrons, vous leur ferez faire quatre ou six bouillons, vous écumerez et verserez le tout dans la terrine pour le laisser encore reposer douze heures. Au bout de ce temps, vous égoutterez le sucre de nouveau, vous le ferez cuire au gros perlé et vous y mettrez vos citrons pour leur faire prendre quatre bouillons, ayant soin de bien écumer. Après quoi vous mettrez les citrons dans des pots, vous verserez le sucre par-dessus, et, lorsqu'ils seront entièrement froids, vous les couvrirez. Il faut qu'ils baignent à l'aise dans le sucre pour que le fruit en prenne. Si vous voulez les confire par quartier, vous les couperez en quatre, les viderez et les ferez blanchir comme les précédents ; vous procéderez en tout de même. Si vous n'avez pas assez de sucre, vous ajouterez du sucre cuit au lissé.

CÉDRATS CONFITS AU SUCRE.

Ce fruit se confit de même que les citrons.

ORANGES DE CHINE CONFITES AU SUCRE.

Vous choisirez des oranges de Chine quelque temps avant leur maturité, vous en ôterez la peau superficielle avec un petit couteau d'office, et vous les jetterez à mesure dans de l'eau fraîche. Vous les ferez bouillir pendant un quart d'heure dans une suffisante quantité d'eau; vous les jetterez après dans de l'eau fraîche pour les y laisser pendant vingt-quatre heures, en ayant soin de changer leur eau toutes les deux heures pour enlever en partie leur amertume naturelle. Au bout de ce temps vous clarifierez la quantité de sucre qu'il vous faudra; vous le ferez cuire au petit lissé; vous y mettrez vos oranges, et leur ferez prendre quatre bouillons; puis vous verserez le tout dans une terrine, pour recommencer la même opération toutes les douze heures, à trois reprises différentes, en ayant soin d'écumer de deux fois l'une; vous ferez cuire le sucre à la nappe; vous y jetterez votre fruit pour lui faire prendre deux ou trois bouillons; la dernière fois vous ferez cuire au gros perlé le sucre que vous retirez des oranges; vous y mettrez le fruit, et vous lui ferez faire deux bouillons, après quoi vous mettrez les chinois dans des pots et verserez le sucre par-dessus. Lorsque le tout sera froid, vous le couvrirez.

Lorsque vous retirez de l'eau les oranges de Chine, il faut les faire bien égoutter avant de les mettre dans le sucre. Pour les reverdir, vous prendrez un peu de couperose bleue, comme il est dit aux *Prunes de reine-Claude confites au sucre.*

TIGES D'ANGÉLIQUE CONFITES.

Vous choisirez de belles tiges d'angélique bien tendre ; vous les couperez sur une longueur de six pouces, et vous les jetterez à mesure dans de l'eau fraîche. Cela fait, vous mettrez de l'eau sur le feu, et lorsqu'elle sera près de bouillir vous y jetterez l'angélique, et vous retirerez aussitôt la bassine du feu. Vous laisserez l'angélique dans cette eau pendant une heure, et au bout de ce temps vous en retirez les tiges, pour les dépouiller des filaments qui les pénètrent, et vous les jetterez à mesure dans une bassine avec la quantité d'eau suffisante pour qu'elles y baignent à l'aise. Vous la poserez sur un feu gai pour faire blanchir, et vous ferez bouillir le tout jusqu'à ce que l'angélique fléchisse sous les doigts. Alors vous retirerez la bassine du feu, et vous y jetterez une poignée de sel ou de couperose bleue, pour faire reverdir l'angélique. Au bout d'une heure vous ôterez l'angélique de l'eau pour la faire égoutter. Vous clarifierez ensuite du sucre et le ferez cuire au petit lissé (voyez *Cuisson du sucre*) ; vous mettrez vos tiges dans ce sucre, leur ferez prendre quelques bouillons, et vous verserez après le tout dans une terrine. Le lendemain, vous séparerez le sucre de l'angélique ; vous le ferez cuire à la nappe, et vous y jetterez l'angélique pour lui faire prendre quelques bouillons. Cela fait, vous verserez le tout dans la terrine, comme nous venons de le dire ci-dessus, et vous répéterez cette manœuvre pendant deux jours de suite. La dernière fois vous ferez cuire le sucre au grand perlé ; vous y jetterez vos tiges d'angélique pour leur faire prendre un bouillon, après quoi vous arrangerez vos tiges dans des pots, et verserez le sucre par-dessus. Lorsque le tout sera froid, vous le couvrirez avec du papier.

Pour quatre livres d'angélique, vous prendrez autant de sucre.

NOIX VERTES CONFITES AU SUCRE.

Vous prendrez des noix vertes ; vous les pèlerez légèrement, pour ne pas découvrir le blanc, et vous les jetterez à mesure dans de l'eau fraîche, que vous aurez mise préalablement dans une bassine. Après cela, vous poserez la bassine sur le feu, pour les faire bouillir jusqu'à ce qu'elles soient amollies de manière à les percer facilement avec la tête d'une épingle. Etant blanchies, retirez-les du feu, jetez-les dans de l'eau fraîche, et faites-les égoutter ensuite. Vous clarifierez du sucre ; vous le ferez cuire au petit lissé, et vous le laisserez refroidir pour le jeter sur vos noix que vous aurez mises dans une terrine. Vous laisserez le tout reposer ainsi pendant un jour. Ce temps passé, vous séparerez le sucre d'avec les noix, vous le ferez chauffer, le laisserez refroidir, et le verserez sur vos noix. Le troisième jour vous séparerez le sucre d'avec les noix ; vous le ferez cuire au gros perlé ; vous l'écumerez et laisserez refroidir pour le verser sur vos noix. Le quatrième jour, répétez la manœuvre du troisième en faisant cuire le sucre au gros perlé, et le versant froid sur les noix. Le cinquième jour, mettez-les dans des pots.

Pour six livres de noix, vous prendrez quatre livres de sucre.

DES FRUITS CONFITS AU SEC.

Quand on veut avoir des fruits confits au sec, il suffit de prendre les fruits confits au sucre dont nous venons de parler, de les faire égoutter, et les faire sécher à l'étuve sur des plaques d'office. On fait ensuite cuire du sucre au gros boulé, et lorsqu'il est à ce degré on sort la bassine du feu, et on l'agite avec une spatule de bois jusqu'à ce qu'il commence à se grener et à blanchir. Alors on y trempe les fruits que l'on a fait sécher dans l'étuve, on les remet sur les plaques pour les faire sécher, et on les place dans des boîtes.

XXVI

DES FRUITS A L'EAU-DE-VIE.

CERISES A L'EAU-DE-VIE.

Vous prendrez de belles cerises bien saines et qui ne soient pas trop mûres, vous en couperez la queue à moitié, et vous mettrez le fruit à mesure dans un bocal, au fond duquel vous aurez mis un sachet contenant des clous de girofle, de la cannelle, de la coriandre et un peu de maïs. Lorsque le bocal sera rempli, vous verserez l'eau-de-vie à 25 degrés par-dessus les cerises, en assez grande quantité pour que le fruit en soit recouvert; ensuite vous boucherez bien votre bocal avec du liége et un parchemin par-dessus, et vous le placerez dans un endroit à l'abri de la lumière et dont la température soit douce et égale. Au bout de vingt jours ou un mois vous découvrirez le bocal, et vous en retirerez le sachet contenant les aromates. Si vous voulez, vous pourrez mêler à l'eau-de-vie de vos cerises six onces de sucre cuit à la nappe, par pinte d'eau-de-vie. Après quoi vous boucherez le bocal dans son état primitif.

PRUNES DE REINE-CLAUDE A L'EAU-DE-VIE.

Vous prendrez de belles reines-Claude quelque temps avant leur maturité, bien vertes; vous leur couperez le bout de la queue, et avec une épingle les piquerez jusqu'au noyau et les jetterez à mesure dans l'eau fraîche; cela fait, vous mettrez une bassine d'eau sur le feu; lorsqu'elle bouillira, vous y jetterez vos prunes; au bout de deux ou trois minutes, vous retirerez la bassine du feu, vous y jetterez un peu de couperose bleue, et vous laisserez refroidir le tout pendant huit heures; au bout de ce temps, vous remettrez la bassine contenant les prunes sur un feu doux. Lorsque l'eau sera chaude au point de n'y pouvoir tenir le doigt, et que les reines-Claude seront bien reverdies, vous sortirez la bassine du feu et jetterez les prunes dans l'eau fraîche. Quand elles seront froides, vous les sortirez de l'eau pour les faire égoutter. D'autre part, vous aurez clarifié du sucre. Lorsqu'il sera cuit au petit lissé, vous le verserez sur vos prunes que vous aurez placées préalablement dans une terrine, et les laisserez dans ce sucre pendant dix heures. Au bout de ce temps, vous retirerez le sucre de vos prunes, et le ferez cuire à la nappe; vous le verserez par-dessus vos prunes pour les laisser encore dix heures, afin que ce fruit soit pénétré par le sucre. Ce temps passé, vous retirerez le sucre des prunes; vous le mettrez dans une bassine avec un verre d'eau dans lequel vous aurez délayé un blanc d'œuf. Vous poserez ensuite la bassine sur le feu, et quand le sucre sera près de bouillir, vous écumerez bien, vous le ferez cuire à la nappe, et vous le passerez à travers une chausse. Quand il sera froid, vous y mêlerez pour trois pintes de sucre, six pintes d'eau-de-vie à 24 degrés; vous placerez vos prunes dans des bocaux, et vous verserez cette liqueur par-dessus, en ayant soin de les tenir bien bouchés.

Pour dix livres de fruit, vous mettrez quatre livres de sucre. Pour les fruits à l'eau-de-vie, vous emploierez sans exception de l'eau-de-vie blanche, pour que le fruit conserve sa couleur naturelle.

MIRABELLES A L'EAU-DE-VIE.

Prenez quatre livres de mirabelles quelque temps avant leur maturité, mais qui soient jaunes; piquez-les avec une grosse épingle, jetez-les à mesure dans de l'eau fraîche, et retirez-les pour les faire égoutter. Vous mettrez ensuite de l'eau dans une bassine que vous poserez sur le feu ; quand elle commencera à bouillir, vous y jetterez un peu d'alun et vos prunes. Vous retirerez la bassine du feu, et au bout de cinq minutes vous sortirez vos mirabelles pour les jeter dans de l'eau fraîche. Lorsqu'elles seront froides, vous les retirerez de l'eau et vous les ferez égoutter. Cela fait, vous clarifierez une livre et demie de sucre (voyez *Clarification du sucre*), et après l'avoir bien écumé, vous le verserez sur vos prunes, que vous aurez mises dans une terrine. Vous laisserez le fruit dans ce sucre pendant douze heures. Au bout de ce temps, vous retirerez le sucre, vous le mettrez dans une bassine, et vous le poserez sur le feu pour le faire cuire à la nappe. Ayez surtout bien soin de l'écumer ; s'il n'était pas assez clair, il faudrait le clarifier suivant le procédé indiqué à l'article de la *Clarification du sucre*. Le sucre étant cuit à ce degré, faites-le refroidir, mêlez-y deux pintes d'eau-de-vie blanche à 24 degrés, mettez vos prunes dans des bocaux, versez cette liqueur par-dessus, et bouchez-les bien avec du liége et un parchemin mouillé par-dessus.

ABRICOTS A L'EAU-DE-VIE.

Choisissez des abricots bien tournés et qui ne soient pas tout à fait mûrs, mettez de l'eau dans une bassine, et posez-la sur le feu. Lorsque l'eau bouillira, vous y jetterez vos abricots et vous retirerez aussitôt votre bassine du feu. Au bout de trois à cinq minutes, vous sortirez les abricots de la bassine avec une écumoire, et vous les jetterez dans de l'eau fraîche. Quand ils seront froids, vous les retirerez et vous les mettrez sur un tamis pour les faire égoutter. D'autre part, vous clarifierez du sucre, et vous le ferez cuire au perlé. (Voyez *Clarification* et *Cuisson du sucre*). Quand il aura atteint ce degré de cuisson, vous le laisserez refroidir, et vous y mêlerez de l'eau-de-vie à 25 degrés dans la proportion de quatre pintes d'eau-de-vie pour deux pintes de sucre. Vous placerez vos abricots dans des bocaux, vous verserez cette liqueur par-dessus, en ayant soin que votre fruit soit bien recouvert par la liqueur. Après quoi vous boucherez bien vos bocaux avec du liége et du parchemin, et vous ficellerez.

Pour trois livres de fruit, vous prendrez vingt onces de sucre.

PÊCHES A L'EAU-DE-VIE.

Prenez des pêches bien tournées, quelque temps avant leur maturité, essuyez-les avec un linge pour en ôter le duvet et piquez-les avec une grosse épingle jusqu'au noyau. Mettez-les à mesure dans de l'eau fraîche, faites-les égoutter et jetez-les ensuite dans une bassine d'eau bouillante comme les abricots. Vous procéderez de même pour le reste; seulement si vos pêches sont un peu trop mûres, lorsque vous les faites blanchir, vous mettrez un peu d'alun dans l'eau pour les raffermir.

POIRES A L'EAU-DE-VIE.

Prenez une quantité quelconque de poires de rousselet ou de blanquettes qui ne soient pas trop mûres, mettez-les dans une bassine avec de l'eau, faites-leur faire un bouillon, retirez-les et jetez-les dans de l'eau fraîche. Quand elles seront refroidies, vous les pèlerez avec un petit couteau d'office, vous en couperez la moitié de la queue, vous ôterez l'œil qui est au côté opposé de la queue, vous les piquerez avec une grosse épingle et vous les jetterez à mesure dans de l'eau fraîche, contenue dans une bassine, dans laquelle vous aurez exprimé le jus de quelques citrons, vous poserez ensuite la bassine sur un feu gai pour faire bouillir. Lorsque les poires seront assez blanchies pour qu'une épingle les traverse facilement, vous les retirerez avec une écumoire et vous les jetterez dans de l'eau fraîche. Pendant ce temps, vous clarifierez du sucre et vous le ferez cuire au petit lissé. (Voyez *Clarification* et *Cuisson du sucre.*) Etant arrivé à ce degré, vous ferez égoutter les poires, vous les mettrez dans une terrine, vous verserez ce sucre tout bouillant par-dessus, et vous laisserez reposer le tout pendant dix heures. Au bout de ce temps, vous retirerez le sucre de vos poires, vous le ferez cuire au perlé, en ayant soin de bien l'écumer, et quand il sera froid, vous y mêlerez de l'eau-de-vie à 25 degrés dans la proportion de deux pintes d'eau-de-vie pour une livre de sucre. Mettez vos poires dans des bocaux sans les écraser, versez la liqueur par-dessus, et bouchez-les bien comme nous l'avons dit à l'article des *Abricots*.

Pour dix livres de poires il faut quatre livres de sucre.

ORANGES A L'EAU-DE-VIE.

Vous prendrez des oranges confites au sucre (voyez cet article), vous les égoutterez et vous les mettrez dans un bocal, vous mêlerez ensuite un tiers de sucre cuit à la nappe et deux tiers d'eau-de-vie blanche à 25 degrés, vous verserez ce mélange, étant refroidi, par-dessus vos oranges, et vous boucherez bien le bocal, de même que pour les fruits précédents.

MANIÈRE DE METTRE A L'EAU-DE-VIE LES FRUITS CONFITS AU SUCRE.

On peut mettre à l'eau-de-vie tous les fruits confits au sucre dont nous venons de parler. On les sort à cet effet de leur sucre, on les fait égoutter sur un tamis et on les place dans des bocaux. Ensuite on mêle un tiers de sucre cuit à la nappe, avec deux tiers d'eau-de-vie à 25 degrés; on verse cette liqueur par-dessus les fruits qu'on a placés dans des bocaux, on les bouche et les ficelle immédiatement après.

XXVII

DES PATES DE FRUITS.

PATE D'ABRICOTS.

Vous prendrez une quantité quelconque d'abricots bien mûrs, vous les couperez par petits morceaux, dont vous ôterez les noyaux, et que vous mettrez dans une bassine, avec un peu d'eau, pour les faire fondre sur le feu. Vous aurez soin de les remuer avec une spatule de bois en les écrasant, puis vous les verserez sur un tamis de crin, vous les presserez avec la spatule pour faire passer la pulpe du fruit, et vous remettrez cette marmelade dans la bassine pour la faire réduire de moitié. En la retirant du feu, vous la pèserez. D'autre part, vous aurez clarifié et fait cuire du sucre au gros boulé la même quantité que vous aurez de marmelade d'abricots.

Le sucre étant arrivé à ce degré de cuisson, vous y mettrez votre marmelade et vous remuerez le tout avec la spatule de bois, sans discontinuer jusqu'à ce que la pâte soit cuite. Si la marmelade a été bien desséchée dans la bassine, à petit feu, vous n'aurez, en la mettant dans le sucre au gros boulé, qu'à lui faire donner deux bouillons, pour que la pâte soit suffisamment cuite. Vous la retirerez alors du feu, et vous lui donnerez la forme que vous voudrez; ou bien vous la mettrez dans des moules, que vous mettrez ensuite dans l'étuve pour faire sécher. Le lendemain, vous les saupoudrerez de sucre, vous achèverez de les faire sécher, et vous les mettrez dans des boîtes, que vous tiendrez à l'abri de l'humidité.

PATE DE POMMES.

Cette pâte se prépare de même que celle d'abricots. Lorsque vous mettrez vos morceaux de pommes dans la bassine pour les faire réduire en marmelade, il faudra couvrir la bassine avec un couvercle de casserole. Pelez surtout avec soin vos pommes et ôtez-en les pepins. Aussitôt qu'elles seront tombées en marmelade, vous découvrirez la bassine pour les faire réduire.

PATE DE COINGS.

Vous prendrez la quantité de coings que vous jugerez convenable, vous les couperez par quartiers, vous en ôterez le cœur, et vous jetterez le fruit dans une bassine remplie d'eau à moitié, afin qu'il y baigne à l'aise; vous poserez ensuite cette bassine sur le feu pour faire bouillir. Lorsque les coings seront blanchis et qu'ils s'écraseront facilement entre les doigts, vous les retirerez du feu pour les faire égoutter; puis vous les mettrez sur un tamis de crin, et vous les écraserez en les pressant bien pour faire passer la pulpe. Vous prendrez ensuite cette marmelade de coings et la mettrez dans une bassine, pour la poser sur le feu et la faire réduire de moitié. Quand elle sera bien réduite et desséchée, vous la sortirez du feu et vous la pèserez; après quoi vous pèserez autant de sucre que vous aurez de fruit; vous le clarifierez et le ferez cuire à la grande plume. Lorsqu'il sera à cette cuisson, vous y mettrez votre marmelade et vous remuerez continuellement avec une spatule de bois. Dès qu'il aura donné un bouillon, vous verserez votre pâte dans des moules ou sur des feuilles d'office, que vous mettrez à l'étuve pour faire sécher. Il faut que les coings soient bien mûrs; avant de les employer, on fera bien de les essuyer avec un linge pour en ôter le duvet.

PATE DE PÊCHES.

Cette pâte se prépare absolument de la même manière que celle d'abricots.

PATE DE GROSEILLES FRAMBOISÉES.

Prenez de belles groseilles bien mûres et bien rouges, ôtez-en les rafles et mêlez-y un tiers de framboises. Vous mettrez le tout sur un tamis pour l'écraser et faire passer le suc du fruit, vous repasserez ensuite ce suc à travers un tamis de soie serré, et vous le verserez dans une bassine que vous poserez sur un feu gai, pour le faire bouillir et réduire à moitié. Le suc, ainsi réduit, sera versé dans une terrine et pesé; d'autre part vous clarifierez un poids égal de sucre et vous le ferez cuire au gros boulé. Etant à ce degré, vous y mêlerez le suc de groseilles, et vous remuerez avec une spatule de bois sans discontinuer, jusqu'à ce que la pâte soit cuite. Lorsque vous verrez que ce mélange commencera à s'épaissir, à se détacher du fond de la bassine, vous le retirerez du feu, vous verserez votre pâte dans des moules d'une forme et d'une grandeur indéterminée et vous les mettrez dans l'étuve. Au bout de dix heures, lorsque la pâte sera bien desséchée, vous la retirerez de l'étuve, vous la saupoudrerez de sucre et vous la ferez sécher encore pour la mettre dans des boîtes à l'abri de toute humidité.

PATE DE PRUNES DE REINE-CLAUDE.

Vous procéderez comme pour la pâte d'abricots. (Voyez cet article.)

PATE DE MIRABELLES.

Opérez comme pour la pâte d'abricots. (Voyez cet article.)

PATE DE MARRONS.

Vous prendrez une certaine quantité de marrons, vous en ôterez la première écorce ligneuse, et vous les jetterez dans de l'eau bouillante pour les dépouiller de la seconde pellicule qui les recouvre. Vous les mettrez ensuite dans une bassine avec de l'eau et le jus d'un citron, pour les faire bouillir ; vous les regarderez comme étant assez blanchis, lorsqu'en les piquant avec un épingle, elle y pénétrera facilement, et sans éprouver de résistance. Vous les sortirez alors du feu, vous les ferez égoutter et vous les pilerez dans un mortier de marbre. Quand ils seront bien pilés, vous y mêlerez de la marmelade d'abricots, ou de tout autre fruit, ou bien de la gelée de pommes, dans la proportion d'une livre de marmelade pour trois livres de marrons pilés. Le tout étant bien mêlé, vous passerez cette marmelade à travers un tamis de crin. Après avoir pesé votre pâte, vous clarifierez un poids égal de beau sucre, que vous ferez cuire au gros boulé, et vous y délayerez votre pâte de marrons avec une spatule de bois. Lorsque le tout sera bien incorporé, vous le verserez sur un marbre et vous l'étendrez en lui laissant une épaisseur de trois lignes ; vous le mettrez après à l'étuve et vous le ferez sécher. Au bout de douze heures, vous le couperez en tablettes auxquelles vous donnerez une forme quelconque ; vous n'aurez plus alors qu'à saupoudrer ces tablettes, et à les mettre dans des boîtes que vous placerez à l'abri de l'humidité.

Vous pourrez, si vous voulez, n'y mêler la marmelade que lorsque vous mettrez la purée de marrons dans le sucre cuit au gros boulé.

XXVIII

DES SIROPS.

SIROP DE GROSEILLES FRAMBOISÉ.

Prenez des groseilles rouges, écrasez-les sur un tamis de crin, et faites-en passer le jus à travers pour le recevoir dans une terrine placée au-dessous du tamis. Cela fait, vous jetterez deux grosses poignées de framboises bien épluchées dans la terrine qui contient le jus de groseilles, et vous la mettrez à la cave. Au bout de vingt-quatre heures, vous retirerez la peau qui s'est formée à la surface du jus, vous passerez ce jus à travers une chausse sans écraser ni presser la framboise; vous le pèserez ensuite, et vous prendrez pour deux livres de jus de fruit, quatre livres de cassonade de première qualité; vous mettrez l'un et l'autre dans une bassine que vous poserez sur le feu. Lorsque le tout sera prêt à bouillir, vous l'écumerez et vous lui ferez faire quelques bouillons. Vous retirerez alors la bassine du feu, et vous pèserez avec le pèse-sirop. (Voyez *Pèse-sirop;* manière de s'en servir.) Ce sirop doit avoir 32 degrés étant chaud. On fait fermenter la groseille pour empêcher le sirop de se prendre en gelée. On emploie la cassonade, parce qu'elle est moins sujette à se candir. Il y a des personnes qui font le sirop de la manière suivante :

Lorsque le suc de groseilles est clarifié, comme

nous venons de le dire plus haut, elles mettent deux livres de suc de fruit dans un pot de faïence avec deux livres de sucre, elles placent le pot dans un bain-marie, et lorsque le sucre est bien fondu, elles le laissent refroidir pour le mettre ensuite dans des bouteilles. D'autres encore font cuire le sucre à la grande plume, puis elles y mettent le suc du fruit et le font cuire en consistance de sirop.

SIROP DE CERISES.

Prenez une quantité de belles cerises, ôtez-en les queues et les noyaux, et mettez le fruit sur un tamis de crin pour le presser et en faire passer le suc à travers, le tout comme nous venons de le dire pour le sirop de groseilles framboisé. Pour le reste, vous procéderez absolument de même.

SIROP DE MERISES.

Ce sirop se prépare de la même manière que le sirop de groseilles.

SIROP DE GRENADES.

Vous égrènerez huit ou dix belles grenades bien mûres et d'un beau rouge; vous mettrez ces grains dans un mortier de marbre pour les broyer légèrement; ensuite vous les mettrez sur un tamis et vous les presserez pour faire passer le suc, que vous recevrez dans une terrine placée au-dessous du tamis. Vous pèserez votre suc de grenades, et pour chaque livre vous prendrez deux livres de sucre. Vous mettrez ces deux substances dans un vase de faïence que vous boucherez hermétiquement, et que vous placerez dans le bain-marie pour le faire chauffer, jusqu'à ce que le sucre soit entièrement fondu. Après quoi vous sortirez le vase du bain-marie, vous écumerez bien votre liquide et le ferez passer à travers une chausse. Vous n'aurez plus alors qu'à le faire refroidir et à le mettre en bouteilles, que vous boucherez bien.

SIROP D'ÉPINES-VINETTES.

Opérez comme il est dit au sujet du *Sirop de grenades*.

SIROP DE CASSIS.

Prenez trois livres de beau cassis, ôtez-en les rafles et mettez le fruit dans un mortier de marbre avec une demi-chopine d'eau; broyez-le légèrement avec le pilon, et mettez-le ensuite dans un tamis de crin pour le presser et faire passer le suc à travers. Vous pèserez ce suc, et pour chaque livre vous prendrez trente onces de sucre; vous mettrez l'un et l'autre dans une bassine que vous poserez sur le feu pour faire bouillir; ayez surtout soin de bien écumer. Lorsque le liquide aura donné quelques bouillons et acquis une certaine consistance, vous sortirez la bassine du feu et vous le pèserez avec le pèse-sirop. (Voyez *Pèse-sirop;* manière de s'en servir.) Ce sirop doit avoir 32 degrés étant chaud; s'il était trop cuit, il faudrait y ajouter un peu de jus de cassis ou bien un peu d'eau; s'il ne l'était pas assez, vous le feriez bouillir davantage. Vous n'aurez plus alors qu'à le faire refroidir, pour le mettre en bouteilles que vous aurez soin de bien boucher. Si le sirop se trouve ne pas être assez clair étant cuit, vous le passerez à travers une chausse.

SIROP DE VIOLETTES.

Prenez une livre de fleurs de violettes, mondez-les de leur queue et de leur calice, et mettez les fleurs dans un mortier de marbre pour les piler légèrement. Vous les mettrez ensuite dans un vase de faïence, et vous jetterez par-dessus deux chopines et demie d'eau bouillante. Vous boucherez hermétiquement ce vase, et vous le mettrez dans un endroit chaud pendant dix heures. Au bout de ce temps, vous passerez cette infusion à travers un linge bien propre, en exprimant fortement la violette ; puis vous passerez ce liquide à travers un tamis de soie bien serré et vous le pèserez. Pour deux livres et deux onces d'infusion, vous prendrez quatre livres de sucre en poudre ; vous mettrez l'un et l'autre dans le même vase que vous aurez bien nettoyé, vous le boucherez bien et vous le ferez chauffer au bain-marie. Ayez soin de remuer de temps à autre pour accélérer la dissolution du sucre, tout en tenant le vase bien bouché. Lorsque le sucre sera entièrement fondu, vous retirerez le feu de dessus le bain-marie pour faire refroidir le tout. Lorsque le sirop sera presque froid, vous le passerez à travers une chausse ou à travers un tamis de soie bien serré, et vous le mettrez dans des bouteilles que vous boucherez avec soin.

Ce sirop, mesuré au pèse-sirop, doit donner 32 degrés 1/2 étant chaud, et 37 degrés 1/2 étant froid. La violette cultivée est préférable à celle qui croît dans les bois.

SIROP DE FLEURS D'ORANGER.

Ce sirop se prépare absolument de la même manière que le sirop de violettes.

SIROP DE CAPILLAIRE.

Prenez deux onces de capillaire de Montpellier, mettez-le dans un vase de faïence, et versez deux chopines d'eau bouillante par-dessus. Après avoir bien bouché ce vase, vous laisserez infuser pendant dix heures. Au bout de ce temps, vous passerez cette infusion à travers un tamis de soie, vous y délayerez un blanc d'œuf et vous la verserez sur quatre livres de belle cassonade que vous aurez mise dans une bassine. Vous poserez la bassine sur le feu, et, lorsque le sucre sera près de bouillir, vous l'écumerez et vous y verserez à plusieurs reprises une demi-chopine d'eau de fontaine. A mesure que vous y versez l'eau froide, vous ôterez l'écume avec votre écumoire. Après l'avoir bien écumé, vous continuerez l'ébullition jusqu'à ce que le sucre soit à consistance de sirop. Pour vous assurer qu'il est suffisamment cuit, vous sortirez la bassine du feu pour faire cesser les bouillons au sucre, et vous plongerez le pèse-sirop dans la liqueur qui doit donner 32 degrés étant bouillante, et 37 étant froide. Quand le sirop aura atteint le degré de cuisson voulu, vous y ajouterez, après avoir retiré la bassine du feu, deux onces de capillaire du Canada, que vous aurez préalablement bien épluché; vous le laisserez en infusion dans le sucre pendant dix minutes, et, au bout de ce temps vous passerez le sirop à travers une chausse. Quand il sera entièrement froid, vous le mettrez en bouteilles que vous boucherez avec soin.

SIROP DE GUIMAUVE.

Prenez cinq onces de racines de guimauve fraîche, lavez-les bien et ratissez-les légèrement pour en ôter la pellicule superficielle. Coupez-les ensuite par petits morceaux que vous mettrez dans une bassine avec deux chopines et demie d'eau de fontaine. Faites bouillir le tout pendant un quart d'heure. Au bout de ce temps, passez cette décoction à travers un tamis pour en séparer les racines. Délayez ensuite un blanc d'œuf dans cette eau provenant de la décoction, et versez-le dans une bassine avec quatre livres de belle cassonade; remuez le tout avec une écumoire et posez-le sur le feu. Lorsque le sucre sera près de bouillir, vous l'écumerez en y ajoutant une chopine d'eau à plusieurs reprises, c'est-à-dire toutes les fois que le sucre menace de bouillir, pour que vous puissiez bien l'écumer. Étant enfin écumé, vous le ferez cuire à consistance de sirop en lui donnant le même degré de cuisson qu'au sirop de capillaire. (Voyez cet article.) Lorsqu'il sera entièrement froid, vous le mettrez en bouteilles que vous remplirez bien et que vous boucherez de même.

SIROP DE POMMES.

Vous prendrez quinze pommes de reinette bien

saines, vous les couperez par tranches bien minces, vous en ôterez les pepins, sans les peler, vous les mettrez dans une bassine avec deux chopines d'eau de fontaine et vous poserez cette bassine sur le feu. Lorsque les pommes seront en marmelade, vous les mettrez dans un torchon que vous tordrez fortement, pour en faire sortir le jus. Vous laisserez reposer ce jus pendant deux heures. Au bout de ce temps, vous le tirerez à clair, vous y délayerez un blanc d'œuf ou deux, et pour deux chopines et demie de ce jus vous prendrez quatre livres de cassonade. Vous mettrez l'un et l'autre dans une bassine, vous remuerez le tout avec une écumoire, et vous le poserez sur le feu. Lorsque le sucre sera près de bouillir, vous retirerez la bassine du feu et vous écumerez bien. Vous la remettrez après sur le feu pour la faire bouillir et vous écumerez encore. Quand il n'y aura plus d'écume, vous laisserez encore bouillir votre liquide pendant quelques minutes; puis vous sortirez votre bassine du feu, pour connaître au moyen du pèse-sirop (voyez *Pèse-sirop*; manière de s'en servir) le degré de cuisson. Mesuré à cet instrument, le sirop doit donner 32 degrés étant chaud, et 37 étant froid. Quand il aura atteint ce degré, vous le passerez à travers une chausse, vous le laisserez refroidir et vous le mettrez ensuite en bouteilles, que vous boucherez bien avec des bouchons de liége.

On peut faire ce sirop de même que le sirop de grenades (voyez cet article); mais alors on met deux chopines de jus de fruit sur quatre livres de sucre.

SIROP DE COINGS.

Opérez de même que pour le sirop de pommes. (Voyez cet article.) On peut aussi le préparer de la même manière que le sirop de grenades. (Voir cet article.)

SIROP D'ORGEAT.

Prenez douze onces d'amandes douces et quatre onces d'amandes amères, jetez-les dans l'eau chaude et laissez-les-y jusqu'à ce que la peau s'en détache facilement. Vous les monderez alors et vous les mettrez à mesure dans de l'eau fraîche pour les laver. Après les avoir fait égoutter, vous les pilerez dans un mortier de marbre et vous les arroserez de temps à autre, pour les empêcher de se tourner en huile. Lorsqu'elles seront réduites en pâte bien fine, vous les mettrez dans une terrine, vous les délayerez avec deux chopines d'eau de fontaine, et vous passerez ce mélange à travers une forte toile que vous presserez fortement pour en extraire le lait. Il faut deux personnes pour bien venir à bout de cette opération. Vous remettrez après le marc dans le mortier, et vous le pilerez pendant un quart d'heure. Au bout de ce temps, vous délayerez avec une troisième chopine d'eau, et vous le passerez encore à travers la toile. Cela fait, vous prendrez pour trois pintes de ce lait d'amandes, six livres de sucre raffiné, et vous mettrez l'un et l'autre dans une bassine, que vous poserez dans un bain-marie bien chaud. Vous remuerez de temps à autre la liqueur avec une cuiller de bois, et lorsque le sucre sera bien dissous, vous retirerez la bassine du bain-marie, vous ajouterez une once d'eau de fleur d'orange à votre sirop, et vous le passerez à travers une chausse. Après l'avoir laissé refroidir, vous le mettrez en bouteilles que vous boucherez avec soin.

Ce sirop doit donner au pèse-sirop 32 degrés 1/2 étant chaud, et 37 1/2 étant refroidi.

Si l'on emploie la cassonade, il faut la clarifier, comme il est dit au sujet de la clarification du sucre, et la faire cuire au gros boulé. On y met alors le lait des amandes, et on fait cuire le tout en consistance de sirop. On y ajoute alors l'eau de fleur d'orange et on passe le sirop à travers une chausse; lorsqu'il est froid, on le met en bouteilles.

AUTRE MANIÈRE DE PRÉPARER LE MÊME SIROP.

Lorsque vous aurez extrait le lait des amandes, comme nous venons de le dire ci-dessus, vous en mettrez deux chopines et demie dans une bassine avec quatre livres de sucre, et vous poserez ce mélange sur le feu pour le faire bouillir huit ou dix minutes. Au bout ce temps vous sortirez la bassine du feu pour y plonger votre pèse-sirop. Si ce mélange donne 32 degrés au pèse-sirop, le sirop est fait. Vous y ajouterez alors deux onces d'eau de fleur d'orange double, et quand il sera presque froid, vous le mettrez en bouteilles que vous ne boucherez que lorsque votre liqueur sera entièrement refroidie.

Il faut que les bouteilles soient bien remplies, bien bouchées et placées dans un endroit frais pour que le sirop se conserve. Comme il est susceptible de se décomposer au bout de quelque temps, en se divisant en deux parties distinctes, il faut avoir soin d'agiter souvent les bouteilles afin que les deux parties se mélangent bien, sans quoi la surface moisirait et communiquerait au sirop un goût désagréable.

SIROP DE VINAIGRE FRAMBOISÉ.

Vous mettrez dans un bocal de verre ou de grès une livre de belles framboises bien mûres et bien rouges, que vous aurez mondées de leur queue, vous verserez deux chopines de vinaigre rouge ou blanc par-dessus, et vous laisserez infuser le tout pendant vingt-quatre heures. Au bout de ce temps vous verserez le vinaigre et les framboises sur un tamis de crin, et vous presserez bien le tout pour faire passer le vinaigre et le jus du fruit à travers. Vous passerez ce liquide à travers une chausse et vous le mettrez dans une bassine avec quatre livres et demie de sucre raffiné. Vous poserez ce mélange sur le feu, et quand il sera près de bouillir, vous l'écumerez bien, vous le ferez encore bouillir huit ou dix minutes jusqu'à ce qu'il ait acquis la consistance de sirop. C'est ce que vous reconnaîtrez au moyen de votre pèse-sirop, en opérant suivant le procédé que nous avons donné au sujet de cet instrument et de la manière de s'en servir. Ce sirop doit donner au pèse-sirop 32 degrés étant chaud, et 37 étant refroidi.

Lorsqu'on emploie la cassonade, il faut la clarifier suivant le procédé que nous avons indiqué à l'article de *Clarification du sucre.* (Voir cet article.) On la fait cuire à la grande plume, et on y ajoute le vinaigre framboisé, on lui fait donner cinq ou six bouillons, on le retire du feu pour le verser dans une terrine; puis on le laisse refroidir et on le met en bouteilles.

SIROP DE LIMON OU DE CITRON.

Prenez vingt-cinq citrons bien juteux, zestez-en cinq dans une terrine, coupez-les tous par moitié et exprimez-en le jus sur les zestes, en ayant soin de bien ôter les pepins. Cela fait, vous laisserez reposer le jus pendant quatre heures; au bout de ce temps vous le filtrerez au papier gris ou à travers une petite chausse de drap bien serré. Pour une chopine de ce jus vous prendrez deux livres de sucre raffiné et concassé. Vous mettrez l'un et l'autre dans une bassine ou dans un vase de grès, pour faire chauffer ce mélange au bain-marie, et vous l'agiterez de temps à autre avec une cuiller pour activer la dissolution du sucre. Ayez surtout soin que le bain soit bien chaud et presque bouillant. Lorsque le sucre sera entièrement fondu, vous ôterez l'écume qui s'est présentée à la surface du sirop, vous passerez celui-ci à travers une chausse, et vous laisserez refroidir pour le mettre en bouteilles, que vous boucherez bien avec des bouchons de liége.

SIROP DE PUNCH.

Mettez dans une bassine quatre livres de sucre concassé et trois chopines d'eau de fontaine, dans laquelle vous aurez délayé un blanc d'œuf. Posez la bassine sur le feu, clarifiez votre sucre (voyez

Clarification du sucre) et faites-le cuire à la grande plume. Etant à ce degré de cuisson, vous y ajouterez une pinte et demie de bon rhum et une demi-pinte de jus de citron dépuré. (Voyez *Suc de citron conservé.*) Mêlez le tout avec une écumoire, et lorsque ce mélange sera bien chaud, vous retirerez la bassine du feu, vous passerez le sirop à travers une chausse, et après l'avoir laissé refroidir, vous le mettrez en bouteilles que vous boucherez avec soin.

XXIX

DE LA DISTILLATION.

MANIÈRE DE DISTILLER L'ESPRIT-DE-VIN.

Il y a plusieurs manière de distiller. Celle de distiller au bain-marie est le plus en usage. Nous ne ferons pas la description des ustensiles nécessaires à ce travail ; car notre intention n'est pas de donner ici les principes généraux de distillation. Tout ce que nous voulons, c'est de mettre l'officier glacier et le maître d'hôtel à même de connaître ceux dont on se sert pour tirer l'esprit-de-vin et de l'eau-de-vie, et la rectification de l'esprit-de-vin aromatisé.

On met du vin blanc ou rouge dans l'alambic ou cucurbite, qu'il ne doit excéder qu'aux deux tiers, plutôt moins que plus; on la place dans le bain-marie, on la couvre de son chapiteau, on lute bien la jointure avec du papier imbibé de colle faite avec de l'eau et de la farine, on y ajoute le serpentin, dont on lute les jointures, on remplit les réfrigérants d'eau fraîche, que l'on change ou renouvelle toutes les fois qu'elle commence à être chaude, puis on place un récipient au bec du serpentin dont on lute bien l'orifice comme le précédent ; ensuite on procède à la distillation par une chaleur modérée et égale pour que la liqueur spiritueuse s'élève à un degré de chaleur au-dessous de l'eau bouillante, et que la liqueur qui distille tombe dans le récipient goutte à goutte. On continue la distillation jusqu'à ce que l'on ait tiré tout l'esprit-de-vin. Lorsqu'on a retiré une certaine quantité d'esprit, on change de récipient et on goûte de temps en temps la liqueur qui continue à couler. Quand elle sent la flegme, on cesse la distillation, on démonte l'alambic et on jette ce qu'il y a dedans comme inutile, ou bien on le garde pour en faire du vinaigre.

Quand on veut tirer de l'eau-de-vie du vin, on remplit l'alambic aux deux tiers de vin comme ci-dessus; on le pose sur un feu vif; et lorsque la liqueur commence à distiller, au lieu de tomber par gouttes dans le récipient, elle doit faire le filet. Il faut avoir soin de changer l'eau du réfrigérant toutes les fois qu'elle est chaude. Lorsque vous verrez que le filet qui tombe commence à blanchir, vous pourrez être sûr que toute la liqueur est distillée. Alors on démonte l'alambic, et la liqueur tartareuse qui reste dans le fond n'est bonne qu'à faire du vinaigre.

RECTIFICATION DE L'ESPRIT-DE-VIN.

On met dans l'alambic tout l'esprit-de-vin provenant de la première distillation, comme nous venons de le dire ci-dessus, et on procède à une seconde distillation au bain-marie, pour retirer la moitié de ce qu'on a mis dans l'alambic, qu'on met de côté; c'est ce qu'on appelle alcool. On continue la distillation pour tirer toute la liqueur spiritueuse qui reste dans la cucurbite.

On distille encore cette dernière liqueur pour en retirer la moitié, qu'on mêle avec l'autre moitié provenant de la distillation précédente. On continue à distiller ce qui reste dans l'alambic ; puis on distille de nouveau cette dernière liqueur pour en retirer encore la moitié qu'on met avec les précédentes ; on continue ainsi à rectifier jusqu'à ce que l'on ait tiré toute la liqueur spiritueuse semblable aux premières. Il ne restera plus à la fin dans la cucurbite qu'une liqueur qu'on appelle *flegme* et que l'on jette comme inutile.

ESPRIT DE FLEUR D'ORANGE.

On met dans un alambic quatre livres de fleurs d'oranger récente, on verse par-dessus cinq pintes d'esprit-de-vin et une pinte et demie d'eau de fontaine filtrée, on remue bien le tout avec une spatule de bois, on place l'alambic dans le bain-marie, on lute les jointures, on remplit le réfrigérant d'eau fraîche, on place le récipient au bec du serpentin, on le lute également, comme il est dit à la *Distillation de l'esprit-de-vin*, et pour le reste on procède tout à fait de même. On retire quatre pintes et demie de liqueur.

ESPRIT DE ROSES.

On met six livres de roses pâles et dépouillées de leur calice dans l'alambic, on verse cinq pintes d'esprit-de-vin par-dessus et une pinte et demie d'eau de fontaine, on place l'alambic dans le bain-marie, et on procède à la distillation, suivant les indications que nous avons données à la *Distillation de l'esprit-de-vin*. On retire quatre pintes et demie de liqueur.

DE LA DISTILLATION.

ESPRIT DE CANNELLE DE CEYLAN.

Vous mettrez dans un alambic six onces de cannelle de Ceylan concassée, cinq pintes d'esprit-de-vin et une pinte d'eau de rivière. Vous procéderez ensuite à la distillation au bain-marie, comme il est dit à la *Distillation de l'esprit-de-vin.* Vous retirerez quatre pintes et demie de liqueur.

MANIÈRE DE CONVERTIR LES ESPRITS-DE-VINS EN LIQUEUR DE TABLE.

Quand on veut convertir ces esprits aromatisés en liqueur de table, c'est-à-dire les édulcorer, on fait fondre sept livres de beau sucre raffiné dans cinq pintes d'eau de rivière filtrée et très-limpide; on y mêle un blanc d'œuf et on le clarifie. (Voyez *Clarification du sucre.*) Ensuite on le passe à travers une chausse, et lorsqu'il est froid, on le mêle avec les quatre pintes et demie d'esprit-de-vin; puis on le met en bouteille que l'on bouche bien pour s'en servir au besoin. Pour ce qui est de l'esprit-de-vin à la rose, vous le colorez avec un peu de cochenille. (Voyez *Cochenille préparée.*) Si vos liqueurs se trouvent ne pas être assez claires, vous les filtrerez à travers un castor ou au papier gris.

XXX

DES CRÈMES.

CRÈME DE CAFÉ MOKA.

Vous prendrez une livre de bon café fraîchement torréfié, vous le moudrez et vous le mettrez dans l'alambic avec quatre pintes d'eau-de-vie. Vous placerez l'alambic dans le bain-marie et vous procéderez à la distillation, suivant les indications que nous avons données aux précédents articles. Lorsque vous aurez retiré deux pintes de liqueur, vous clarifierez quatre livres de beau sucre raffiné avec deux pintes d'eau de rivière, vous le passerez à travers une chausse, et quand il sera froid, vous le mêlerez avec vos deux pintes de liqueur.

CRÈME D'ABSINTHE.

Vous prendrez quatre onces de sommités d'absinthe supérieure, les zestes de trois beaux citrons et deux gros de *macis* ; vous mettrez le tout dans un bocal de verre avec quatre pintes de bonne eau-de-vie, vous le boucherez hermétiquement, et vous laisserez infuser toutes ces substances pendant douze heures dans un endroit tempéré et abrité du soleil, en ayant soin d'agiter le bocal de temps à autre. Au bout de ce temps, vous verserez le tout dans l'alambic, vous procéderez à la distillation, suivant les indications données aux précédents articles, et vous retirerez deux pintes de liqueur. Ensuite vous clarifierez quatre livres de sucre raffiné dans deux pintes d'eau de rivière filtrée, vous le passerez à travers une chausse, et, quand il sera froid, vous le mêlerez avec vos deux pintes de liqueur.

CRÈME DE CARAQUE.

Vous prendrez deux livres de cacao, appelé caraque, qui est d'une qualité supérieure, vous le mettrez sur une tôle et vous le ferez griller dans un four modéré. Ensuite vous en ôterez l'écorce, et vous le pilerez dans un mortier de marbre; puis vous le mettrez dans un alambic avec une once de cannelle de Ceylan concassée, vous verserez quatre pintes d'eau-de-vie par-dessus, et vous procéderez à la distillation. Vous retirerez deux pintes de liqueur. Vous clarifierez ensuite trois livres de sucre raffiné avec une livre et demie d'eau de fontaine filtrée, vous le passerez à travers une chausse, et, quand il sera froid, vous le mêlerez avec vos deux pintes de liqueur.

CRÈME DE VÉNUS.

Vous prendrez une demi-once de vanille, deux gros de cannelle de Ceylan, un gros de girofle et une demi-once de coriandre. Vous mettrez toutes ces substances dans un alambic, vous verserez par-dessus quatre pintes de bonne eau-de-vie, vous arrangerez votre alambic, comme il est dit à la distillation de l'esprit-de-vin; puis vous le placerez dans un bain-marie et vous ferez distiller comme auparavant. Vous retirerez deux pintes de liqueur spiritueuse. Ensuite vous clarifierez quatre livres de sucre raffiné (voyez *Clarification du sucre raffiné*), et, lorsqu'il sera froid, vous le mêlerez avec vos deux pintes de liqueur. Vous le colorerez d'un jaune clair avec de la teinture de safran (voyez *Couleurs*), et vous le mettrez en bouteilles.

PARFAIT AMOUR.

Vous mettrez dans un alambic les zestes de deux citrons et de deux cédrats, une once de coriandre, un gros de girofle, un demi-gros de cannelle et la moitié d'une gousse de vanille. Vous verserez par-dessus quatre pintes de bonne eau-de-vie, vous placerez l'alambic au bain-marie, et vous procéderez à la distillation pour retirer deux pintes de liqueur spiritueuse. Ensuite vous clarifierez trois livres de sucre raffiné avec une pinte et demie d'eau de rivière. (Voyez *clarification du sucre*.) Lorsqu'il sera froid, vous le mêlerez avec vos deux pintes de liqueur, vous la colorerez d'un rouge foncé avec de la cochenille (voyez *Cochenille préparée*), et, après l'avoir filtrée, vous la mettrez en bouteilles.

EAU D'OR.

Vous prendrez les zestes de trois citrons, une once de coriandre et un gros de macis ; vous mettrez ces trois substances dans l'alambic avec quatre pintes d'eau-de-vie, et vous procéderez à la distillation pour retirer deux pintes de liqueur spiritueuse. Ensuite vous clarifierez trois livres de sucre avec une livre et demie d'eau de fontaine. (Voyez

DES CRÈMES. 219

Clarification du sucre.) Lorsqu'il sera froid, vous le mêlerez avec votre liqueur spiritueuse, vous colorerez le tout en jaune avec de la teinture de safran (voyez *Couleurs*), vous filtrerez votre liqueur et vous la mettrez dans des bouteilles.

EAU D'ARGENT.

Vous mettrez dans un alambic les zestes de quatre oranges aigres, une demi-once de cannelle de Ceylan et quatre pintes d'eau-de-vie. Vous placerez l'alambic dans le bain-marie et vous procéderez à la distillation. Après avoir retiré deux pintes de liqueur, vous clarifierez trois livres de sucre raffiné avec une pinte et demie d'eau de rivière, et, lorsqu'il sera froid, vous le mêlerez avec vos deux pintes de liqueur.

EAU DE FLEUR D'ORANGE SIMPLE ET DOUBLE.

Vous prendrez huit livres de fleurs d'oranger, vous les mettrez, sans les éplucher, dans un alambic, et vous verserez quinze pintes d'eau de rivière par-dessus, en ayant soin que l'alambic ne soit plein que jusqu'aux deux tiers. Vous le placerez ensuite sur un feu nu, vous le couvrirez de son chapiteau et vous luterez bien les jointures pour qu'il ne s'échappe aucune vapeur de l'intérieur. A cet effet, vous prendrez de la colle de farine et vous collerez à l'entour des bandes de papier. Vous remplirez le réfrigérant d'eau froide, que vous aurez soin de changer toutes les fois qu'elle sera chaude, vous placerez le récipient au bec dont vous luterez également l'orifice, et vous chaufferez ce vaisseau graduellement, jusqu'à ce que l'eau qu'il contient bouille, et que la liqueur qui distille en tombant dans le récipient fasse le filet.

Vous retirerez de cette distillation huit pintes d'eau assez odoriférante, et c'est là ce qu'on appelle *eau de fleur d'orange simple*.

Pour en obtenir de la *double*, il faut procéder à une seconde distillation de la manière suivante. Vous démonterez l'alambic, et vous jetterez comme inutile ce qui se trouvera dans la cucurbite. Après l'avoir bien lavée, vous y mettrez quatre livres de fleurs d'oranger nouvellement cueillies et bien épluchées, vous verserez par-dessus l'eau de fleur d'orange que vous avez obtenue de votre première distillation, en procédant de même que pour la première. Sur les huit pintes d'eau de fleur d'orange que vous aurez obtenues, vous en retirerez cinq : ce sera ce qu'on appelle de l'*eau de fleur d'orange double*.

Si vous continuez la distillation, vous pouvez retirer une pinte d'eau assez odoriférante dont vous pouvez vous servir comme d'eau de fleur d'orange simple.

XXXI

DES RATAFIAS ET DES LIQUEURS QUI SE FONT PAR INFUSION.

RATAFIA DE GROSEILLES.

Vous prendrez une quantité de groseilles, vous en ôterez les rafles, vous les mettrez sur un tamis et vous les presserez fortement, pour faire passer le suc que vous recevrez dans une terrine placée au-dessous du tamis. Vous prendrez trois pintes de ce jus et vous le mettrez dans un vase de faïence, avec deux livres de sucre raffiné et concassé. Aussitôt qu'il sera fondu, vous y ajouterez quatre pintes d'eau-de-vie à 22 degrés, deux gros de cannelle concassée et un gros de girofle. Vous laisserez infuser le tout pendant six jours, et, au bout de ce temps, vous filtrerez cette liqueur et vous la mettrez en bouteilles.

RATAFIA DE CERISES.

Vous prendrez de belles cerises, vous en ôterez les queues, vous les écraserez et vous ferez passer le jus à travers un tamis de crin. Vous prendrez ensuite deux pintes de ce jus et vous le mettrez dans un vase de faïence, avec une pinte de jus de groseilles, deux livres de sucre concassé et raffiné, et les noyaux des cerises, que vous aurez préalablement lavés et concassés dans un mortier de marbre; vous remuerez ce mélange de temps à autre, et aussitôt que le sucre sera fondu, vous y ajouterez quatre pintes d'eau-de-vie à 22 degrés; vous laisserez infuser le tout pendant six jours, et au bout de ce temps vous filtrerez cette liqueur et vous la mettrez en bouteilles, que vous boucherez avec soin.

RATAFIA DE CASSIS.

Vous prendrez quatre livres de cassis bien mûr et une livre de belles cerises, vous écraserez l'un et l'autre ensemble dans une terrine, et vous verserez ensuite le tout dans un vase de faïence; vous y ajouterez un gros de cannelle, autant de girofle, et vous verserez par-dessus six pintes d'eau-de-vie à 24 degrés; vous placerez ce vase dans un endroit à l'abri de la lumière et vous laisserez infuser le tout pendant douze jours. Au bout de ce temps, vous passerez cette liqueur à travers une chausse; d'autre part, vous clarifierez trois livres et demie de sucre, avec deux livres d'eau de fontaine, vous le passerez à travers une chausse et vous le mêlerez ensuite avec votre liqueur, en ayant soin que le sucre soit bien froid. Vous mêlerez bien le tout et vous mettrez votre liqueur en bouteilles.

RATAFIA DE MURES.

Prenez deux livres de mûres bien noires, une demi-livre de framboises et autant de groseilles; vous mêlerez ces trois fruits, vous les mettrez sur un tamis et les presserez pour faire passer le suc à travers; vous mettrez ensuite ce suc dans un bocal de verre, et pour deux pintes vous prendrez deux livres de sucre raffiné, un demi-gros de macis, une demi-once de coriandre et quatre pintes d'eau-de-vie à 22 degrés. Vous mettrez le tout dans ce bocal, et vous laisserez infuser pendant douze jours. Au bout de ce temps, vous passerez cette liqueur à travers une chausse et vous la mettrez en bouteilles, que vous boucherez bien.

RATAFIA DES QUATRE FRUITS.

Vous prendrez une pinte de jus de cerises, une pinte de jus de groseilles, une demi-pinte de jus de cassis et autant de jus de framboises; vous mettrez le tout dans un bocal de verre, avec deux livres de sucre raffiné concassé et cinq pintes d'eau-de-vie à 22 degrés. Vous laisserez reposer ce mélange pendant vingt-quatre heures. Au bout de ce temps, vous passerez cette liqueur à travers la chausse et vous la mettrez en bouteilles; ou bien encore vous prendrez cinq livres de belles cerises, trois livres de groseilles, une livre de framboises et une livre de cassis; vous monderez ces fruits de leurs queues et de leurs rafles, et vous les mêlerez ensemble. Vous les écraserez ensuite sur un tamis de crin, vous en exprimerez le jus et le mesurerez. Pour trois pintes de ce jus, vous prendrez deux livres de sucre raffiné concassé et cinq pintes d'eau-de-vie à 22 degrés; vous mettrez le tout dans un bocal de verre ou dans un vase de grès, et vous laisserez reposer ce mélange pendant douze heures. Ce temps passé, vous filtrerez votre liqueur pour la mettre en bouteilles, que vous boucherez bien.

DES RATAFIAS.

RATAFIA DE GENIÈVRE.

Vous mettrez dans un bocal de verre douze onces de baies de genièvre, un gros de coriandre et quatre pintes d'eau-de-vie à 22 degrés; vous boucherez ce bocal et vous laisserez infuser pendant huit jours. Au bout de ce temps, vous passerez cette liqueur à travers une chausse, vous y ajouterez deux livres de sucre cuit à la nappe (voir cet article), et vous mêlerez bien ce mélange en le versant d'une terrine à l'autre. Vous le mettrez ensuite en bouteilles, que vous boucherez bien. Remarquez encore que le sucre que vous y ajouterez doit être froid.

RATAFIA DE FLEURS D'ORANGER.

Vous clarifierez deux livres de sucre raffiné et vous le ferez cuire à la nappe. (Voy. *Clarification du sucre et cuisson à la nappe.*) Lorsqu'il aura atteint ce degré de cuisson, vous y jetterez une demi-livre de fleurs d'oranger récentes et bien épluchées, vous leur ferez prendre un bouillon couvert, et vous verserez le tout dans un vase de grès que vous boucherez bien. Au bout de huit heures, vous y ajouterez quatre pintes d'eau-de-vie à 24 degrés, et vous boucherez de nouveau le vase pour laisser infuser le tout pendant trois jours. Ce temps passé, vous passerez votre ratafia à travers une chausse et vous le mettrez en bouteilles.

RATAFIA D'ORANGES DE PORTUGAL.

Prenez huit belles oranges de Portugal, zestez-en quatre dans un bocal de verre, pressez-y légèrement les huit oranges, et versez par-dessus quatre pintes d'eau-de-vie à 22 degrés. Vous boucherez le bocal hermétiquement et vous laisserez infuser pendant quatre jours. Au bout de ce temps, vous filtrerez cette liqueur à travers un castor ou au papier gris. Vous clarifierez ensuite deux livres de sucre raffiné avec une pinte d'eau, vous le passerez à travers une chausse, et, quand il sera froid, vous le mêlerez avec votre liqueur, pour mettre ensuite le tout dans des bouteilles, que vous aurez soin de bien boucher.

RATAFIA DE NOYAUX.

Vous prendrez une demi-livre d'amandes de noyaux de pêches et d'abricots, vous les jetterez dans de l'eau tiède pour les monder de la pellicule jaune, vous les concasserez dans un mortier de marbre, et vous les mettrez ensuite dans un bocal de verre, avec un gros de cannelle de Ceylan et quatre pintes d'eau-de-vie blanche à 22 degrés; vous boucherez ce vase hermétiquement et vous laisserez infuser le tout pendant huit jours. Ce temps passé, vous filtrerez cette liqueur à travers un castor, ensuite vous clarifierez deux livres de sucre raffiné avec une livre d'eau, vous le passerez à travers une chausse, et, quand il sera froid, vous le mêlerez avec votre liqueur. Vous n'aurez plus alors qu'à mettre en bouteilles.

RATAFIA DE GRENOBLE.

Prenez une assez grande quantité de merises, pour pouvoir obtenir dix pintes de jus; ôtez-en la queue et écrasez le fruit sur un tamis de crin, et recevez-en le suc dans une terrine placée au-dessous du tamis. Vous mesurerez ce suc, vous le mettrez dans un vase de grès, et, pour dix pintes, vous prendrez dix pintes d'eau-de-vie à 22 degrés, six livres de sucre raffiné concassé, une demi-once de cannelle de Ceylan, autant de girofle, une livre de feuilles de pêcher et les noyaux des merises, que vous aurez préalablement concassés. Vous remuerez ce mélange pendant un quart d'heure avec une cuiller de bois, vous couvrirez ensuite le vase avec un linge, et vous laisserez infuser le tout pendant six jours. Au bout de ce temps, vous passerez cette liqueur à travers une chausse, à plusieurs reprises, pour qu'elle soit claire, et vous la mettrez ensuite en bouteilles.

Si vous voulez donner plus de goût à votre ratafia, vous y ajouterez une bouteille de kirschwasser.

MARASQUIN DE ZARA.

Vous prendrez deux pintes d'esprit-de-vin à 32 degrés, et une pinte de kirsch-wasser; vous mêlerez l'un et l'autre ensemble, vous y ajouterez une goutte d'huile essentielle de fleur d'orange, une goutte d'huile essentielle de jasmin, et autant d'huile essentielle de roses. Vous clarifierez ensuite cinq livres de sucre raffiné, avec deux pintes et demie d'eau de rivière (voyez *Clarification du sucre*), vous le passerez à travers une chausse, et, quand il sera froid, vous le mêlerez à votre esprit-de-vin et à votre kirsch-wasser, parfumé des huiles essentielles que nous venons d'énumérer. Vous n'aurez plus alors qu'à mettre votre liqueur en bouteilles, que vous boucherez bien.

SCUBAC.

Vous mettrez dans un vase de grès un gros de safran gatinais, une demi once de coriandre, autant de cannelle de Ceylan, deux gros d'anis, un gros de macis, les zestes de deux citrons et une gousse de vanille; vous verserez par-dessus quatre pintes d'esprit-de-vin à 32 degrés, et une pinte d'eau de rivière filtrée; vous boucherez le vase hermétiquement, et laisserez infuser le tout pendant dix jours. Au bout de ce temps, vous passerez cette infusion à travers un castor. Vous clarifierez ensuite sept livres de sucre raffiné avec quatre pintes d'eau de rivière, vous le passerez à travers une chausse, et quand il sera froid, vous le mêlerez avec votre liqueur. Vous mettrez le tout dans des bouteilles, que vous aurez soin de bien boucher.

Si vous voulez faire le scubac par distillation, vous mettrez l'infusion dans l'alambic et vous procéderez à la distillation. Après avoir retiré cinq pintes de liqueur spiritueuse, vous la mêlerez avec votre sirop de sucre, et ajouterez à ce mélange de la teinture de safran pour la colorer d'un beau jaune.

VIN D'ABSINTHE.

Mettez dans un bocal de verre trois onces d'absinthe majeure sèche, et coupée par petits morceaux, une once de quinquina concassé et six bouteilles de bon vin blanc. Vous boucherez le bocal hermétiquement avec un bouchon de liége, et vous laisserez infuser le tout pendant quarante-huit heures. Au bout de ce temps, vous filtrerez cette liqueur et vous la mettrez dans des bouteilles, que vous déposerez à la cave après les avoir bien bouchées.

Ce vin excite l'appétit; on en boit un demi-verre avant les repas.

ANISETTE DE BORDEAUX.

Faites fondre quatre livres de sucre raffiné dans deux pintes d'eau de fontaine filtrée, sans le faire chauffer. Quand il sera fondu, passez-le à travers une chausse, et mêlez-y ensuite deux pintes d'esprit-de-vin à 32 degrés. Vous ajouterez à ce mélange trois gouttes d'huile essentielle d'anis, et vous verserez ensuite votre liqueur dans des bouteilles, que vous aurez soin de bien boucher. Si la liqueur n'était pas assez claire, il faudrait la filtrer au papier gris.

ROSSOLIS PAR INFUSION.

Vous mettrez dans un vase de verre deux onces de fleurs d'oranger, deux gros de cannelle de Ceylan, autant de girofle et de macis concassé, et le zeste d'un cédrat; vous verserez par-dessus deux pintes d'esprit-de-vin à 32 degrés, vous boucherez ce vase hermétiquement avec un bon bouchon de liége, et vous laisserez infuser le tout pendant quarante-huit heures. Au bout de ce temps, vous passerez cette liqueur à travers une chausse; ensuite, vous ferez fondre quatre livres de sucre raffiné dans deux pintes d'eau de fontaine filtrée, sans le mettre sur le feu. Lorsqu'il sera fondu, vous le passerez à travers une chausse, puis vous mêlerez votre esprit-de-vin avec ce sucre, vous le colorerez avec un peu de cochenille (voyez *Cochenille préparée*), vous passerez ce mélange de nouveau à la chausse, et vous le mettrez en bouteilles, que vous boucherez avec soin.

HUILE DE JUPITER.

Prenez une pinte d'esprit-de-vin au citron et une pinte au cédrat, ce qui fait deux pintes d'esprit à 32 degrés. Vous ferez ensuite fondre quatre livres et demie de sucre raffiné dans deux pintes d'eau de rivière, vous le passerez à travers une chausse et, lorsqu'il sera froid, vous le mêlerez avec vos deux pintes d'esprit, vous y ajouterez une once d'eau de fleur d'orange double et vous mettrez le tout dans des bouteilles. Vous pourrez, si vous voulez, colorer ce mélange avec la teinture de safran.

CRÈME DE KIRSCH-WASSER.

Prenez deux pintes de vieux kirsch-wasser et une pinte d'esprit-de-vin à 35 degrés, s'il est possible; clarifiez ensuite quatre livres de sucre raffiné avec deux pintes d'eau de fontaine et, lorsqu'il sera froid, mêlez-le avec l'esprit-de-vin et le kirsch-wasser. Vous y ajouterez une demi-once d'eau de fleur d'orange; et le tout étant bien mêlé, vous le mettrez en bouteilles, que vous boucherez bien.

DES RATAFIAS.

CRÈME DE VANILLE.

Prenez deux gousses de vanille, coupez-les par morceaux et mettez-les dans un vase de faïence, dans lequel vous verserez une demi-pinte d'eau chaude, sans être bouillante. Bouchez hermétiquement ce vase et laissez infuser pendant vingt-quatre heures. Au bout de ce temps, vous ferez fondre quatre livres et demie de sucre raffiné dans deux pintes d'eau de rivière, et, quand il sera à moitié froid, vous le verserez dans le vase avec la vanille. Vous boucherez encore le vase, et lorsque le tout sera entièrement froid, vous y mêlerez deux pintes d'esprit-de-vin. Vous colorerez votre liqueur en rouge avec de la cochenille (voyez *Cochenille préparée*), vous la filtrerez au castor et vous la mettrez en bouteilles.

CURAÇAO DE HOLLANDE.

Vous prendrez les zestes de vingt bigarades et de quatre citrons, vous les mettrez dans un vase de faïence avec deux pintes d'esprit-de-vin à 32 degrés et une demi-pinte d'eau de rivière filtrée; vous boucherez le vase hermétiquement et vous laisserez infuser le tout, pendant six jours, dans un endroit abrité du soleil, en agitant le vase deux ou trois fois par jour, pour faciliter la fusion. Au bout de ce temps, vous clarifierez quatre livres de sucre raffiné avec deux litres d'eau de fontaine (voyez *Clarification du sucre*), vous le laisserez refroidir et vous le mêlerez ensuite avec votre infusion. Vous n'aurez plus alors qu'à filtrer votre liqueur à travers un castor, et y ajouter un peu de couleur de cochenille, pour que votre liqueur soit d'un jaune doré tirant sur le rose.

XXXII

DES CONSERVES.

CONSERVE DE GROSEILLES TROUBLE POUR LES GLACES ET AUTRES PRÉPARATIONS.

Prenez vingt-cinq livres de belles groseilles rouges et presque mûres, ainsi que six livres de belles framboises, écrasez ses fruits, et pressez-les sur un tamis de crin placé sur une grande terrine, dans lalaquelle vous recevrez le suc exprimé. Aussitôt que tout votre fruit sera pressé, vous passerez de nouveau le suc à travers un tamis, pour le débarrasser des graines et des pepins qui pourraient s'y trouver. Vous mettrez ensuite ce jus dans des bouteilles bien propres, vous les boucherez bien avec des bouchons de liége neuf, et les ficellerez comme on ficelle le champagne. Toutes vos bouteilles étant bien remplies, bouchées et ficelées, vous les envelopperez, une à une, de foin ou bien de torchons, pour qu'elles ne se choquent pas les unes contre les autres ; vous les placerez ensuite dans une bassine ou chaudière, en les y mettant debout ou en les y couchant. Vous remplirez la bassine d'eau froide, vous couvrirez la surface avec du foin ou du linge et vous la mettrez ensuite sur un grand feu. Aussitôt que l'eau aura donné le premier bouillon, vous retirerez le feu de dessous et laisserez refroidir le tout. Quand l'eau sera froide, vous retirerez les bouteilles, et, au bout de vingt-quatre heures, vous mettrez votre conserve à la cave pour vous en servir au besoin.

CONSERVE DE GROSEILLES CLAIRE POUR LIQUEURS FRAÎCHES.

Vous prendrez vingt-cinq livres de belles groseilles rouges et bien mûres, huit livres de belles framboises mûres également, dix livres de cerises à courte queue, dites de Montmorency, et huit livres de merises noires; vous débarrasserez tous ces fruits de leurs queues, de leurs rafles et de leurs noyaux, vous les écraserez tous ensemble, et vous les presserez sur un tamis de crin placé sur une terrine, dans laquelle vous recevrez le suc. Vous mettrez ce suc dans un baquet, ou bien vous le laisserez dans la terrine et vous le placerez à la cave pendant un jour. Au bout de ce temps, vous enlèverez la peau épaisse qui se forme à la surface du suc, vous le passerez à travers une chausse, et vous le mettrez en bouteilles, que vous aurez soin de bien boucher, de bien ficeler et d'envelopper de foin. Vous mettrez ces bouteilles à mesure dans une bassine que vous remplirez d'eau froide; vous en couvrirez la surface avec du foin et vous la poserez sur un grand feu. Lorsque l'eau aura donné un bouillon, vous retirerez la bassine du feu, et, après l'avoir laissée refroidir, vous sortirez vos bouteilles. Vingt-quatre heures après, vous les placerez à la cave, pour vous en servir au besoin.

On peut aussi exprimer le suc des fruits au moyen d'un pressoir; en ce cas, on fera bien de mêler avec le fruit de la paille grossièrement hachée et bien lavée pour faciliter l'extraction du suc.

MANIÈRE DE CONSERVER L'ANANAS.

Prenez un bel ananas bien mûr, dépouillez-le de sa couronne et de la peau superficielle qui le recouvre, et coupez-le par tranches de l'épaisseur de deux lignes. Ayez soin d'avoir pilé et tamisé préalablement du sucre raffiné. Prenez ensuite un bocal de verre, mettez-y alternativement un lit de ce sucre ayant deux pouces d'épaisseur, et un lit de tranches d'ananas; puis encore un lit de sucre de deux pouces d'épaisseur et un autre d'ananas, et ainsi de suite jusqu'à ce que le bocal soit plein, en ayant soin toutefois que la dernière couche se trouve formée de sucre. Vous boucherez ce bocal avec un bouchon de liége et un parchemin mouillé par-dessus, vous le ficellerez et vous le placerez dans un endroit où il soit à l'abri de l'humidité.

AUTRE MANIÈRE DE CONSERVER L'ANANAS.

Vous prendrez un ou deux ananas bien mûrs, vous les monderez de la queue, de la couronne et de la peau superficielle qui les recouvre ; vous mettrez ensuite votre ananas dans un bocal de la grandeur de votre fruit, vous verserez par-dessus du sucre froid à 22 degrés, vous boucherez le bocal avec un bouchon de liége et vous le ficellerez. Vous le mettrez ensuite dans une bassine et vous le recouvrirez d'eau froide. Couvrez-en la surface avec un linge et posez la bassine sur un grand feu. Lorsque l'eau aura fait douze ou treize bouillons, vous reti-

DES CONSERVES. 255

rerez la bassine du feu, vous laisserez refroidir l'eau et vous sortirez ensuite le bocal, pour le placer dans un endroit frais. On doit mettre dans le bocal assez de sucre pour que le fruit en soit entièrement recouvert.

MANIÈRE DE CONSERVER LES ABRICOTS EN BOUTEILLES.

Vous prendrez la quantité que vous voudrez conserver d'abricots-pêches de plein vent, vous les couperez par moité, vous en ôterez les noyaux; vous mettrez les fruits en bouteilles, vous les y tasserez bien pour que les bouteilles soient bien pleines. Vous y mettrez aussi dix à douze amandes provenant des noyaux et dépouillées de la peau jaune qui les recouvre. Bouchez hermétiquement vos bouteilles, ficelez-les et les enveloppez de torchons ou de foin pour qu'elles ne soient point en contact les unes avec les autres. Mettez ces bouteilles à mesure dans une bassine que vous remplirez d'eau froide, et que vous couvrirez ensuite avec des torchons pour la poser sur le feu. Lorsque vous verrez que l'eau commence à bouillir, vous retirerez la bassine du feu, vous laisserez refroidir le tout; puis vous sortirez vos bouteilles et vous les déposerez dans un endroit frais.

AUTRE MANIÈRE DE CONSERVER LES ABRICOTS EN BOUTEILLES.

Prenez des abricots-pêches de plein vent qui ne soient pas tout à fait mûrs, essuyez-les avec un linge et mettez-les dans des bouteilles ou des bocaux que vous remplirez jusqu'à un pouce et demi au-dessous de l'ouverture ; versez ensuite par-dessus du sucre cuit à 22 degrés, froid, et mettez-en assez pour que le fruit en soit recouvert. Bouchez bien vos bouteilles ou bocaux avec de bons bouchons de liége, ficelez-les et mettez-les debout dans une bassine, en ayant soin de mettre du foin entre chacun pour qu'ils ne puissent se toucher. Vous remplirez la bassine d'eau froide jusqu'à ce que les bocaux ou les bouteilles en soient recouverts ; vous la poserez sur le feu, vous couvrirez la surface avec un torchon, et au bout de trois minutes d'ébullition, vous retirerez la bassine du feu, vous laisserez refroidir le tout ; puis vous sortirez vos bouteilles, et au bout de douze heures vous les goudronnerez. On peut aussi couper les abricots par moitié ; en ce cas, il faut les peler après avec un petit couteau d'office et les arranger ensuite dans les bouteilles. On y ajoute huit ou dix amandes, provenant des noyaux du fruit, après les avoir dépouillées de la peau jaune qui les recouvre. Pour le reste, le procédé est le même.

CONSERVE DE PÊCHES EN BOUTEILLES.

Pour conserver ce fruit dans des bouteilles, vous procéderez de même que pour les abricots, tant pour la première que pour la seconde et la troisième recette ; seulement on n'y met point les amandes que fournissent les noyaux du fruit.

CONSERVE DE PRUNES DE REINE-CLAUDE EN BOUTEILLES.

Vous prendrez des prunes de reine-Claude avant

leur parfaite maturité, vous en couperez la moitié de la queue, et vous les mettrez dans des bouteilles, en ayant soin de bien les tasser. Après avoir bouché hermétiquement et ficelé ces bouteilles, vous les placerez dans une bassine, vous mettrez du foin entre chacune d'elles pour qu'elles ne se touchent point, vous remplirez la bassine d'eau froide, vous couvrirez la surface avec des torchons et la poserez sur un grand feu. Aussitôt que l'eau aura bouilli pendant trois minutes, vous retirerez la bassine du feu pour faire refroidir, et vous retirerez les bouteilles, que vous goudronnerez quand elles seront entièrement froides.

AUTRE MANIÈRE DE CONSERVER LES REINES-CLAUDES EN BOUTEILLES.

Vous prendrez des prunes de reine-Claude avant leur parfaite maturité; vous en ôterez la queue, et vous mettrez le fruit dans des bouteilles ou des bocaux de verre que vous ne remplirez qu'à deux pouces au-dessous de l'ouverture. Vous verserez par-dessus du sucre cuit à 20 degrés, froid, et en assez grande quantité pour que le fruit en soit recouvert. Vous boucherez les bouteilles ou les bocaux hermétiquement, vous les ficellerez et vous les mettrez debout dans une bassine, en plaçant du foin entre chacune d'elles, pour qu'elles ne puissent s'entre-choquer. Vous remplirez la bassine d'eau froide; vous couvrirez la surface avec des torchons, et vous la poserez sur un grand feu. Aussitôt que l'eau aura donné dix ou douze bouillons, vous retirerez la bassine du feu pour laisser refroidir le tout, et, quand l'eau sera entièrement froide, vous sortirez vos bouteilles pour les boucher et goudronner.

PRUNES DE MIRABELLE CONSERVÉES EN BOUTEILLES.

Opérez absolument de la même manière que pour les prunes de reine-Claude, tant pour le premier procédé que pour le second.

GROSEILLES CONSERVÉES EN BOUTEILLES.

Égrenez de belles groseilles rouges et qui ne soient pas tout à fait mûres, et mettez-les dans des bouteilles, que vous remplirez bien et boucherez hermétiquement. Après avoir ficelé ces bouteilles, enveloppez-les de foin, pour qu'elles ne puissent s'entre-choquer, et mettez-les dans une bassine, que vous remplirez d'eau froide et que vous poserez sur un grand feu. Ayez soin de couvrir la surface de la bassine avec des torchons ou du foin. Lorsque vous verrez l'eau prête à bouillir, vous retirerez la bassine du feu et vous la laisserez refroidir. Vous sortirez alors les bouteilles, mais vous ne les goudronnerez que lorsqu'elles seront entièrement froides.

Les groseilles blanches se préparent de la même manière.

AUTRE MANIÈRE DE CONSERVER LES GROSEILLES EN BOUTEILLES.

Prenez des groseilles rouges, et qui ne soient pas tout à fait mûres, égrenez-les et mettez-les dans des bouteilles. Versez par-dessus du sucre à 20 degrés, en assez grande quantité pour que le fruit en soit entièrement recouvert. Bouchez hermétiquement ces bouteilles, ficelez-les et mettez-les debout dans une bassine, en ayant soin de mettre du foin entre chacune d'elles, pour qu'elles ne puissent point s'entre-choquer. Vous remplirez la bassine d'eau froide, vous couvrirez la surface avec des torchons ou avec du foin, et vous la poserez sur un grand feu. Lorsque l'eau sera près de bouillir, vous retirerez la bassine du feu et vous laisserez refroidir le tout. L'eau étant entièrement froide, vous sortirez les bouteilles pour les goudronner.

CERISES CONSERVÉES EN BOUTEILLES.

Opérez de même que pour les groseilles, tant pour le premier que pour le second procédé. Les cerises se mettent aussi bien dans des bocaux de verre que dans des bouteilles.

FRAMBOISES CONSERVÉES EN BOUTEILLES.

Opérez de même que pour les groseilles, tant pour le premier procédé que pour le second. Vous aurez soin d'en ôter les queues.

POIRES DE BEURRÉ, DE ROUSSELET ET DE BLANQUETTE CONSERVÉES EN BOUTEILLES.

Vous pèlerez les poires que vous voudrez conserver, vous en couperez la moitié de la queue, vous les frotterez bien avec un demi-citron et les mettrez dans des bocaux ou des bouteilles à grande ouverture, que vous boucherez hermétiquement, ficellerez bien et poserez debout dans une bassine, en ayant soin de mettre entre chacune d'elles du foin pour qu'elles ne puissent se toucher. Remplissez la bassine d'eau froide, couvrez en la surface avec du foin et des torchons, posez-la sur un grand feu, et lorsque l'eau aura donné quatorze ou quinze bouillons, retirez la bassine du feu, laissez refroidir, et sortez vos bouteilles pour les goudronner.

AUTRE MANIÈRE DE CONSERVER LES POIRES EN BOUTEILLES.

Après avoir pelé et frotté de citron les poires, mettez-les dans des bouteilles ou des bocaux, et recouvrez-les avec du sucre cuit à 20 degrés. Vous boucherez ensuite vos bouteilles hermétiquement, vous les ficellerez, et vous les mettrez debout dans une bassine, en les séparant les unes des autres avec du foin pour qu'elles ne puissent point se toucher. Vous remplirez la bassine d'eau froide, et vous la poserez sur un grand feu. Lorsque l'eau aura donné quatorze ou quinze bouillons, vous retirerez la bassine du feu et vous laisserez refroidir. Sortez ensuite les bouteilles, mais ne les goudronnez que lorsqu'elles seront entièrement froides.

COINGS CONSERVÉS EN BOUTEILLES.

Opérez de même que pour les poires. Les coings doivent être mûrs et coupés par moitié ou par quartiers, quand ils sont trop gros; il faut également alors en ôter le cœur.

MARRONS CONSERVÉS EN BOUTEILLES.

Pour conserver les marrons, on opère de même

que pour les poires; seulement il faut d'abord les monder de la première et de la seconde peau.

CONSERVE DE JUS DE CITRONS.

Vous prendrez la quantité de citrons qu'il vous faudra, vous les couperez par moitié, et les presserez entre vos mains pour en extraire le jus. Laissez reposer ce jus pendant trois ou quatre heures, et au bout de ce temps passez-le à travers une chausse à trois ou quatre reprises pour qu'il soit bien clair. Cela fait, vous le mettrez dans des bouteilles que vous remplirez jusqu'à deux pouces au-dessous de l'ouverture; vous en recouvrirez la surface d'un pouce d'huile d'olive; vous les boucherez bien avec des bouchons de liége, et vous les mettrez dans un endroit frais pour vous en servir au besoin.

XXXIII

DES FRUITS.

DES FRAISES.

Ce fruit commence à paraître dès la première quinzaine de mai, ainsi que les fraises ananas. Lorsqu'on les sert sur table, il faut les monder de leur queue sans les écraser. On les dresse en pyramide dans des compotiers de porcelaine et on les sert avec un sucrier de sucre en poudre ; car chaque convive les lave soit avec de la crème, soit avec du vin ou bien encore avec de l'eau-de-vie ou du rhum et les édulcore selon son goût.

Le plus souvent on mêle ces fraises avec des fraises ananas, et on y ajoute même des fraises blanches.

DES FRAMBOISES.

Ce fruit commence à paraître dans la première quinzaine de juin ; il y en a des blanches et des rouges ; on préfère ces dernières. Ce fruit n'est mûr que lorsque les queues s'en détachent aisément. Pour le servir, on en ôte les queues sans les écraser, on le dresse en pyramide sur des compotiers et on le sert sur table avec un sucrier rempli de sucre en poudre pour que chaque personne puisse les préparer et les édulcorer selon son goût. On met souvent les blanches et les rouges ensemble et on les mêle même avec des fraises. Quand on veut les servir en compote, on les prépare comme il est dit à la compote de framboises. (Voyez cet article.)

DES GROSEILLES.

Dès la première quinzaine de juin on commence à servir ce fruit sur table. Il y en a de deux sortes, la groseille blanche commune, autrement appelée perlée et la rouge commune, et la groseille blanche et rouge de Hollande qui est la meilleure; on s'en sert pour le travail de l'office, parce qu'elle est plus grosse, plus claire et d'un goût plus agréable. Lorsqu'on la sert sur table, on l'égrène pour en séparer la rafle sans cependant l'écraser; puis on la passe à l'eau fraîche, on la met sur un tamis pour la faire égoutter, on la dresse en pyramide sur un compotier et on la sert avec du sucre en poudre, pour que chacun puisse la préparer comme il l'entendra.

Les groseilles se mêlent avec des framboises ou des fraises, mais quand on veut les servir en compote, on suit le procédé que nous avons indiqué au sujet des compotes.

DES CERISES, GRIOTTES ET BIGARREAUX.

On commence à voir des cerises précoces dès le mois de mai; on les sert alors dans de petits compotiers, sur des pampres ou des feuilles, en très-petite quantité qu'on arrange en couronne.

Dans le mois de juin, on commence à voir des

cerises de Montmorency dites à courte queue, qui sont les plus grosses et les plus douces.

Les bigarreaux ont un grand mérite par leur chair ferme et croquante, aussi tiennent-ils un des principaux rangs dans cette saison ; ils sont bons à servir et à manger, dès qu'ils sont à demi rouges.

Les griottes sont de grosses cerises noirâtres, assez fermes et très-douces. Elles ne sont dans toute leur maturité que lorsqu'elles sont presque noires. Tous ces fruits paraissent à peu près dans le mois de juin. On en coupe le bout de la queue, on les arrange dans des assiettes sur des pampres en pyramide, les queues tournées en dedans pour qu'elles ne se voient point ; on pose ensuite le plat dans un compotier, et on sert. Si on veut les servir en compote ou autrement, voir l'article des *Compotes* pour la préparation.

DES ABRICOTS.

Il y a quatre espèces d'abricots qu'on emploie dans l'office et qui servent aussi à orner le dessert ; ce sont les abricots précoces qui mûrissent vers la fin du mois de juin, les abricots-pêches qui mûrissent un peu plus tard, les abricots ordinaires qui commencent à paraître vers le quinze juillet, et les abricots de Nancy qui sont les plus tardifs. Ces dernières espèces, ayant un parfum plus exquis et un goût plus agréable que les deux premières, sont les plus propres à orner le dessert des tables. Aussi, lorsqu'il s'agit de les servir frais, on les dresse sur des assiettes en pyramide, en mettant des feuilles ou des pampres entre chaque fruit, puis on pose l'assiette sur un compotier ou sur une corbeille en porcelaine destinée à cet usage, et on sert en mettant à côté un sucrier contenant du sucre en poudre.

Quand on veut les servir en compote ou autrement, voir l'article *Compote*.

DES AMANDES VERTES.

Ce fruit paraît dans la dernière quinzaine de mai. Lorsque les amandes sont encore vertes et tendres, on les dresse dans des assiettes sur des pampres, et on les pose sur table à la place qui leur est réservée. Mais lorsque la saison est un peu avancée et que la coque commence à se former, il faut alors les ouvrir avec un couteau, jeter la moitié de la coquille et laisser l'amande dans l'autre moitié. Vous les dressez dans une assiette sur des pampres et vous les servez ainsi.

Pour les servir en compôte, voir l'article des *Compotes*.

PRUNES DE REINE-CLAUDE ET AUTRES.

Les prunes commencent à donner vers la fin de juillet : telles sont la reine-Claude, les damas de Tours, les damas rouges, blancs et violets, le damas d'Italie; la prune de perdrigon violet et le perdrigon blanc commencent à paraître dans la première quinzaine d'août; les prunes de mirabelle et la prune impératrice ne mûrissent que dans le mois d'octobre; les prunes-dattes blanches et rouges sont celles qui se gardent le plus longtemps sur l'arbre.

Il y a encore beaucoup d'autres espèces d'un goût inférieur et dont il est inutile de parler ici. Quand on veut servir ces fruits frais, on met des pampres dans une assiette à dessert, puis on y dresse les prunes en pyramide; on pose cette assiette sur un compotier ou une corbeille appropriée à cet usage, et on sert. Pour servir en compote, voyez cet article.

En dressant ces fruits, il faut les toucher de la main le moins possible, pour ne pas leur ôter la fleur.

DES PÊCHES.

La pêche est un fruit délicieux et d'autant plus propre à servir de dessert qu'elle dure très-longtemps, et que les différentes espèces s'en succèdent continuellement depuis la dernière quinzaine de juin jusqu'à la fin d'octobre.

La première qui paraît est la pêche blanche; elle est petite, musquée et assez sucrée.

La pêche de Troyes est plus grosse que la précédente; elle est très-rouge et ronde; elle mûrit au commencement d'août, souvent dans la dernière quinzaine de juillet.

La pêche vineuse ou pourprée est grosse et ronde, d'un rouge foncé, d'un parfum exquis et d'une saveur délicieuse; elle est très-estimée; elle mûrit dans la première quinzaine de septembre.

La pêche mignonne est assez grosse, un peu allongée, d'une belle couleur, assez sucrée; elle paraît dans la première quinzaine du mois d'août.

La pêche Madeleine blanche est grosse et ronde,

rouge du côté où le soleil a frappé et blanche de l'autre. Son noyau est petit et rond, sans aucun rouge autour; elle mûrit dans la première quinzaine du mois d'août.

Le pavis blanc ressemble beaucoup à la pêche Madeleine par sa forme et son coloris; mais le goût en est différent. Il mûrit dans la dernière quinzaine du mois d'août.

La pêche nivette ou veloutée est assez grosse, d'un beau coloris et d'un goût très-sucré; c'est une des meilleures espèces de pêches qui mûrit vers le 15 du mois de septembre.

La pêche persique est un peu allongée, mais d'un goût délicieux; le terme de sa maturité est vers le 15 de septembre.

La pêche Madeleine rouge est grosse, un peu allongée : elle est rouge de tous les côtés et mûrit vers la fin de septembre.

La pêche bourdin est d'une grosseur assez considérable, d'un rouge foncé et d'un goût agréable. Elle mûrit dans les premiers jours du mois de septembre.

La pêche violette hâtive est petite, mais elle est très-estimée par son parfum délicat et le suc vineux et agréable qu'elle renferme. Elle paraît vers le 15 septembre.

La pêche admirable est grosse et ronde et d'un beau coloris. Elle est regardée comme la meilleure pour la délicatesse de son parfum et la finesse de sa chair; son goût est vineux et un peu relevé; le temps de sa maturité est vers le commencement du mois de septembre.

La pêche bellegarde ressemble beaucoup par sa forme et sa grosseur à la pêche admirable, mais elle est moins colorée et d'un goût inférieur. Elle mûrit vers le 15 septembre.

Le brugnon violet a la peau lisse et la chair croquante; elle ressemble à la pêche-abricot et paraît vers la fin de septembre.

La pêche violette tardive surpasse, quand elle est mûre, toutes les autres pêches par son goût agréable et vineux; elle paraît dans les premiers jours du mois d'octobre.

Le pavis rouge est très-gros, d'une couleur charmante, d'un goût et d'un parfum délicieux. Il commence à paraître vers la fin du mois de septembre et au commencement d'octobre.

Quand on veut servir les pêches telles qu'on les cueille de l'arbre, on doit les choisir bien mûres, les essuyer légèrement avec un linge pour en ôter le duvet. Cependant les pêches bien mûres et d'une bonne qualité n'ont pas besoin d'être essuyées; on les arrange sur des assiettes avec de la mousse et des pampres ou feuilles de vigne que l'on met entre chaque pêche, en les dressant en pyramide; puis on pose ces assiettes ainsi arrangées sur des corbeilles destinées à cet usage et on les pose sur table avec un sucrier contenant du sucre blanc en poudre.

Quand on veut les servir en compote, on les prépare de la manière que nous avons indiquée plus haut. (Voyez l'article des *Compotes*.)

DES POIRES D'ÉTÉ.

Les poires sont les fruits qui figurent le plus

longtemps dans les desserts. Le nombre de leurs espèces est extrêmement grand.

La première est la petite muscat; elle est très-petite, d'un goût très-relevé; elle commence à paraître vers la fin du mois de juin.

La poire de cuisse-madame est longue, menue, d'un rouge gris; elle a la chair ferme et très-sucrée; elle est mûre dans les premiers jours du mois de juillet.

La poire muscat à longue queue est assez grosse et très-bonne pour une poire hâtive.

La poire blanquette est plus longue que ronde; elle a la peau lisse et la chair très-sucrée.

La poire de gros blanquet est différente de la blanquette; elle est plus grosse; elle a la queue plus grosse et plus courte et est plus hâtive de quinze jours; elle mûrit dans les premiers jours du mois de juillet.

La poire à la reine, quoique petite, est excellente; sa couleur est d'un jaune ambré et sa chair d'un goût très-relevé; on la nomme aussi muscat-Robert.

La poire de gros rousselet de Reims est très-estimée; on la regarde comme une des meilleures poires d'été; sa forme est longue et sa couleur rouge.

La poire de petit rousselet est plus rousse que la précédente et tirant sur le gris; elle a aussi un goût plus relevé; on la cueille quelque temps avant sa maturité pour la laisser mûrir dans la fruiterie.

La poire de cassolette est petite et allongée; sa

couleur est verdâtre et son goût sucré; sa maturité tombe vers le 15 août.

La poire de bergamote d'été est grosse, verte, beurrée et fondante; elle ressemble à la bergamote d'automne; elle est sucrée et d'un goût excellent; elle mûrit vers la mi-août.

La fondante de Brest est une poire allongée; sa couleur est jaune et rouge, son goût sucré et relevé.

La poire royale est petite, sa chair est délicate et sucrée, sa couleur blanche et jaunâtre; on la nomme aussi poire robine; elle mûrit dans le mois d'août.

La poire de rousselet hâtive est d'une forme allongée, d'une couleur rougeâtre; elle a la peau très-fine et la chair tendre et sucrée; sa maturité est vers le 15 juillet.

La poire de bon-chrétien d'été est grosse, allongée, d'une couleur jaune et d'une chair très-tendre et sucrée.

La poire de bon-chrétien musqué est aussi grosse que la précédente; elle est jaune d'un côté et rouge de l'autre où le soleil l'a frappée; sa chair est tendre et sucrée, son parfum délicieux; elle mûrit dans les premiers jours du mois de septembre.

La poire d'orange compte plusieurs espèces: l'orange commune est petite et verdâtre; l'orange royale est grosse et excellente; l'orange musquée est plate; on la mange plus verte. Toutes ces espèces paraissent vers le 15 août ou au commencement de septembre.

La poire de Salviati est assez grosse, ronde mais

un peu aplatie; elle est rouge du côté où les rayons du soleil l'ont frappée et jaune de l'autre; sa chair est sucrée et excellente; elle mûrit vers le commencement du mois de septembre.

La poire de mouille-bouche est très-verte; on la nomme aussi verte-longue; sa chair est fondante et assez sucrée.

La poire de boirré rouge est une grosse poire longue et très-colorée; sa chair est sucrée et relevée; c'est la plus fondante de toutes les poires.

La poire de boirré gris n'est pas si colorée que la rouge; elle est moins âpre et plus fondante, mais elle est aussi plus tardive.

DES POIRES D'AUTOMNE.

La poire de messire-*Jean-doré* a la chair cassante et sucrée; elle mûrit vers le 15 octobre.

La poire de bergamote d'automne est grosse et plate, sa peau est verte; elle jaunit en mûrissant; sa chair est tendre, fondante et sucrée, son parfum exquis; elle commence à donner dans la première quinzaine d'octobre.

La poire de bergamote suisse est rayée de vert et de jaune, et sa forme est plate; elle est assez estimée.

La poire verte-longue ou mouille-bouche est très-beurrée et fondante, et d'un goût relevé; elle paraît vers le 15 octobre.

La poire sucrée-verte est assez grosse; quoique mûre, elle est toujours verte; sa chair est beurrée et d'un goût très-agréable; elle mûrit vers la fin du mois d'octobre.

La poire de doyenné ou beurré blanc a la peau fort unie ; sa couleur est verdâtre et jaunit en mûrissant, sa chair est fondante et douce, mais peu relevée ; cette poire a beaucoup d'apparence, elle tient un des premiers rangs dans le dessert par la beauté de sa forme et de sa couleur. Sa maturité est dans la première quinzaine d'octobre et vers la fin du même mois.

La poire marquise est grosse et verte ; elle ressemble un peu au bon-chrétien d'hiver, mais elle est plus bombée ; elle jaunit en mûrissant ; sa chair est beurrée, fondante et sucrée ; elle mûrit vers la fin d'octobre.

La poire de bergamote de cresane est grasse et plate, d'un gris verdâtre qui jaunit en mûrissant ; sa chair est beurrée, très-sucrée et vineuse. Cette espèce est excellente et rare.

La poire de jalousie est grosse et d'une couleur verdâtre ; sa chair est beurré et d'un goût sucré et relevé. Elle doit être cueillie un peu verte.

La poire de satin est presque ronde, blanche et satinée ; elle est très-fondante et sucrée.

La poire de vergouleuse est grosse, longue et verte ; elle jaunit en mûrissant ; sa peau est lisse et quelquefois colorée ; sa chair est fondante et d'un beurré solide. On la mange depuis le mois de novembre jusqu'au mois de janvier.

La poire d'épine d'hiver est un peu ovale ; sa couleur est verte et jaunit en mûrissant ; sa chair est très-fondante et d'un beurré musqué. On mange cette poire depuis le mois de novembre jusqu'au mois de janvier.

La poire d'ambrette a la forme ronde, la couleur verte et grise, la chair fine et sucrée et le parfum délicat. On la mange depuis le mois de novembre jusqu'au mois de janvier.

La poire de Saint-Germain est grosse et longue, sa couleur est verte et jaunit en mûrissant, sa chair est très-beurrée et fondante. Cette poire dure jusqu'au mois de mars.

La poire de martin-sec est plus longue que ronde, sa couleur est rouge du côté ou les rayons du soleil l'ont frappée; sa chair est fine, cassante et sucrée, son parfum est délicat. On peut la manger bonne pendant trois mois.

DES POIRES D'HIVER.

La poire de Colmar est longue, bombée et assez grosse, sa couleur est verte et un peu rouge du côté où le soleil l'a frappée; elle jaunit un peu en mûrissant, sa chair est tendre et sucrée, et d'un parfum très-délicat. C'est une des plus excellentes poires d'hiver. Elle mûrit dans la première quinzaine de janvier, et on la mange jusqu'au mois de mars.

La poire de besi de Chaumontel est grosse et longue, et ressemble à la poire de beurré gris; sa chair est fondante et d'un goût relevé.

La poire de besi l'Échasserie est d'une grosseur moyenne et a la forme d'un citron; sa couleur est verte et tirant un peu sur le jaune; sa chair est fine et assez sucrée, elle a un parfum délicat. On mange cette poire depuis le mois de novembre jusqu'au mois de janvier.

La poire de bon-chrétien d'hiver est très-grosse, sa couleur est jaune et tirant un peu sur le rouge, sa chair est d'un goût agréable et très-sucré. Elle a un parfum exquis. Elle fait la plus belle figure, dans le dessert, et dure jusqu'aux nouveautés du printemps.

La poire d'angélique de Bordeaux ressemble beaucoup au bon-chrétien d'hiver, mais elle est moins grosse et plus plate; sa chair est tendre et sucrée.

La poire de bergamote de Pâques n'est pas si grosse que la bergamote d'automne, mais elle a le même goût.

La poire de bergamote Bugi est une grosse poire presque ronde et d'un jaune verdâtre, sa chair est fondante et beurrée; elle se garde jusqu'au mois d'avril.

La poire royale d'hiver ressemble beaucoup à la poire de bon-chrétien d'été; elle mûrit au mois de janvier.

Quand on veut servir les poires crues, on les dresse en pyramide sur des assiettes avec de la mousse, puis on pose ces assiettes sur des corbeilles de porcelaine, et on les place sur la table. Lorsqu'on veut les servir en compote, nous renvoyons à l'article qui traite ce sujet.

Toutes ces poires sont bonnes à confire et à en faire des compotes, en les prenant quelque temps avant leur maturité.

DU RAISIN.

La nature nous fournit plusieurs espèces de raisins; nous ne citerons que les meilleurs que l'officier a besoin de connaître tant pour le service de la table que pour le travail de l'office. Ainsi nous commencerons par le raisin précoce qui est le morillon hâtif. Ce raisin est d'une couleur noire, sa peau est dure, son jus assez sucré; on en fait de très-bon raisiné; on le mange dans la première quinzaine de juillet. Dans le mois d'août, on commence à voir le chasselas, du muscat rouge et blanc de plusieurs espèces. Vers le commencement de septembre, on voit paraître le muscat de Frontignan, de Malvoisie, de Rivesalte et plusieurs autres espèces. Vient ensuite le muscat long, qu'on appelle passe-musqué d'Italie, le muscat long violet, le raisin de Corinthe, qui n'a pas de pepins, le raisin de Damas, qui n'a qu'un pepin. Tous ces raisins se servent de la même manière, en les dressant sur des corbeilles en porcelaine avec leurs pampres, et ayant soin de couper les grappes qui sont trop grosses. Tout ceci dépend en grande partie du goût et du *génie* de l'officier.

DES POMMES.

Ce fruit est assez connu pour que nous puissions nous dispenser d'en faire la description; seulement nous en citerons les meilleures espèces qui sont propres pour le service de la table et le travail de l'office.

La pomme de rambour est grosse, verte d'un côté et rayée de rouge de l'autre. Il y en a aussi qui sont toutes blanches; elle paraît vers le mois d'août.

La pomme de reinette franche est grosse et d'une couleur jaune, piquée de petits points noirs. Sa chair est très-sucrée; elle commence à paraître au mois de décembre et dure toute l'année.

Les pommes de calville rouges et blanches sont assez grosses, elles ont la forme d'un coing, leur chair est vineuse et sucrée; les blanches sont plus estimées. Elles durent jusqu'au mois de février.

La pomme de bardin est d'une forme plate, sa couleur est grise, tirant sur le rouge; sa chair est fort sucrée; elle mûrit dans le mois de décembre.

La reinette d'Angleterre est d'une grosseur moyenne; elle est piquée de petits points rouges, sa couleur est jaune, sa chair très sucrée. Elle se garde fort longtemps.

La pomme violette est assez grosse, d'une couleur foncée et rayée de rouge. Sa chair est délicate et très-sucrée. On la mange jusqu'au mois de février.

La pomme d'api est une petite pomme rouge du côté où les rayons du soleil l'ont frappée, et blanche de l'autre; elle a la peau très-fine, sa chair est tendre et sucrée sans aucun parfum. Elle dure jusqu'au mois d'avril; on en trouve même dans le mois de mai.

Rien n'est plus facile que d'arranger les pommes sur des assiettes.

Lorsqu'on les a bien essuyées avec un linge, on met un lit de mousse sur une assiette, puis on met les fruits par-dessus en couronne, en mettant un peu de mousse entre chaque pomme; on remplit le milieu de mousse, puis on fait encore un lit de mousse par-dessus les pommes. Cette mousse doit être bien épluchée, afin que le lit soit bien léger. On pose encore des pommes par-dessus, en mettant toujours de la mousse entre chaque fruit, et on continue ainsi jusqu'à ce qu'on ait formé une pyramide. On pose ensuite cette assiette sur une corbeille de porcelaine qu'on place sur la table.

Quand on veut les servir en compote, on les prépare de la manière que nous avons enseignée plus haut. (Voir l'article des *Compotes*.) Les poires s'arrangent de même que les pommes; on en fait également des compotes, mais dans ce cas, il faut les prendre quelque temps avant leur maturité.

DE LA FIGUE.

Les figues se servent au premier service comme hors-d'œuvre, on les dresse en pyramide sur des assiettes garnies de feuilles de vigne, en mettant dessus de la glace lavée avec soin.

La première espèce qui paraît vers la fin du mois de juin, et qu'on appelle figue-fleur, est remplacée par d'autres jusqu'au mois d'octobre. Les figues d'automne sont préférables à celles d'été.

DU MELON.

La meilleure espèce de cantaloup se montre dans le mois de juillet; on sert le melon, comme hors-d'œuvre, au premier service, on lui ôte la queue, que l'on remplace par un beau morceau de glace, et on le place dans une assiette sur des feuilles de vigne.

On le sert aussi coupé par tranches, qu'on place dans des assiettes, sur des feuilles de vigne; et on met de la glace par-dessus ces tranches.

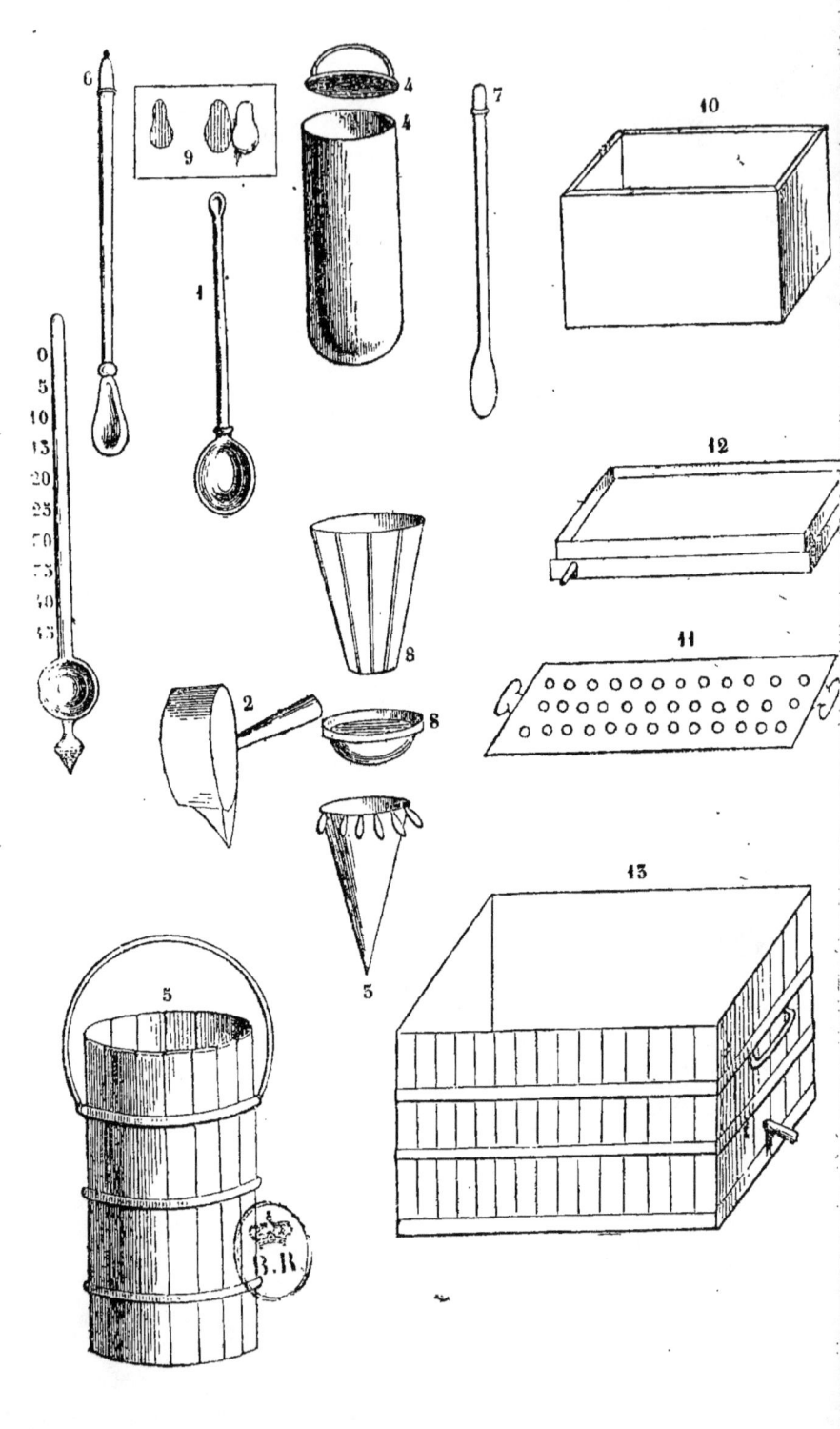

EXPLICATION DES USTENSILES

NÉCESSAIRES A LA FABRICATION DES GLACES ET SIROPS

DÉSIGNÉS SUR LA PLANCHE CI-CONTRE.

Fig. 1. Cuiller de bois servant à remuer la crème pendant sa préparation et sa cuisson, et autres ouvrages qui se font à la bassine.

Fig. 2. Poêlon d'office.

Fig. 3. Chausse en drap de laine ou en futaine, à travers laquelle on passe le sirop et toutes sortes de liqueurs fraîches, pour les rendre claires.

Fig. 4. Sorbetière en étain avec son couvercle dans laquelle on met la composition qu'on veut faire glacer.

Fig. 5. Seau en bois de chêne, percé d'un trou, à six centimètres du fond, qu'on tient bouché avec une bonde, et qu'on débouche pour faire partir l'eau salée à volonté. Ce seau est destiné à recevoir la sorbetière n° 4, dans laquelle on a mis la composition que l'on veut faire glacer selon la méthode enseignée à la *Congélation des glaces*, chapitre III.

Fig. 6. Spatule en cuivre rouge étamé avec le manche de buis, servant à détacher les parties congelées, qui se prennent aux parois de la sorbetière lorsqu'on procède à la congélation de toute espèce de glaces.

Fig. 7. Spatule de bois avec laquelle on travaille la composition glacée, après l'avoir détachée, pour la rendre blanche et onctueuse.

Fig. 8. Moule en étain à fromage glacé avec son couvercle, dans lequel on place une cloison en fer-blanc pour mouler les fromages de couleur ou de compositions différentes. (Voyez *Congélation des glaces*, chap. III.)

Fig. 9. Moules à demi-glaces, en étain.

Fig. 10. Caisse ou cave en fer-blanc servant à la congélation des biscuits glacés.

Fig. 11. Trois grilles de cette forme en fer-blanc; après les avoir

EXPLICATION DES USTENSILES.

couvertes de biscuits, on les place dans la caisse fig. 10, l'une après l'autre ; elles doivent être de la même dimension que la susdite caisse.

Fig. 12. Couvercle en fer-blanc de la caisse ou cave fig. 10.

Fig. 13. Seau destiné à recevoir la caisse ou cave fig. 10 pour faire congeler les biscuits.

Fig. 14. Pèse-sirop ou aréomètre. C'est par cet instrument qu'on apprend à connaître tous les degrés de cuisson du sucre et des sirops, le degré auquel on doit sucrer les glaces, sorbets, gramolates, liqueurs fraîches, punch et toutes les liqueurs spiritueuses dont il sera parlé dans cet ouvrage. (Voyez chap. II.)

SURTOUT.

Surtout, ou plateau garni de groupes de figures et d'une corbeille de fleurs fraîches ou artificielles, destiné à orner une table d'un festin d'apparat, ou tout autre repas de fête, de cérémonie.

Cet objet d'ornement figure au milieu d'une table depuis le commencement du repas jusqu'à la fin ; de sorte que la place supérieure qu'il occupe sur une table pendant la durée d'un festin, lui a valu le nom de *Dormant*.

A défaut du surtout on peut placer au milieu de la table, en dormant, une corbeille garnie de fleurs fraîches de la saison, comme on va le voir sur les quatre menus suivants.

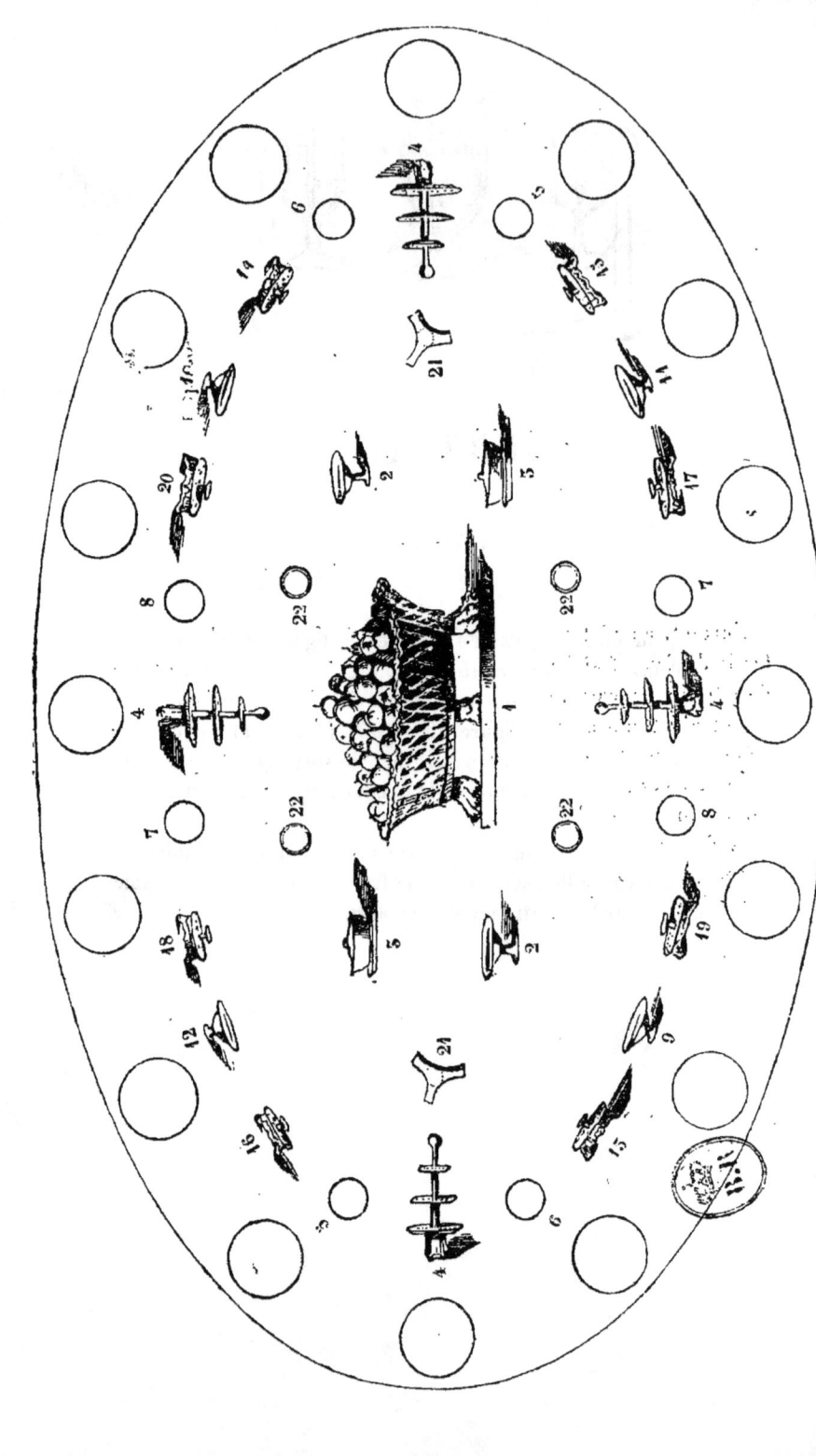

MENU D'UN DESSERT D'HIVER

POUR UNE TABLE DE 16 COUVERTS.

1. Pour le milieu de la table : Une corbeille de poires, pommes, grenades et ananas.

2. Deux fromages à la crème.
3. Deux sucriers.
4. Quatre assiettes montées, garnies de bonbons assortis.

HUIT ASSIETTES GARNIES DE FRUITS CANDIS.

5. Deux de prunes de reine-Claude.
6. Deux de figues.
7. Deux de poires de rousselet.
8. Deux d'amandes vertes.

QUATRE COMPOTES.

9. Une d'ananas.
10. Une d'oranges.
11. Une de pommes.
12. Une de poires.

HUIT TAMBOURS GARNIS DE PETIT-FOUR.

13. Un de biscuits à la crème.
14. Un de biscuits de marrons.
15. Un de petits soufflés d'Afrique.
16. Un de guirlandes printanières.
17. Un de petits soufflés à l'anglaise.
18. Un de macarons au chocolat.
19. Un de tourons d'Espagne.
20. Un de croquants du Nord.
21. Deux candélabres.
22. Quatre flambeaux.

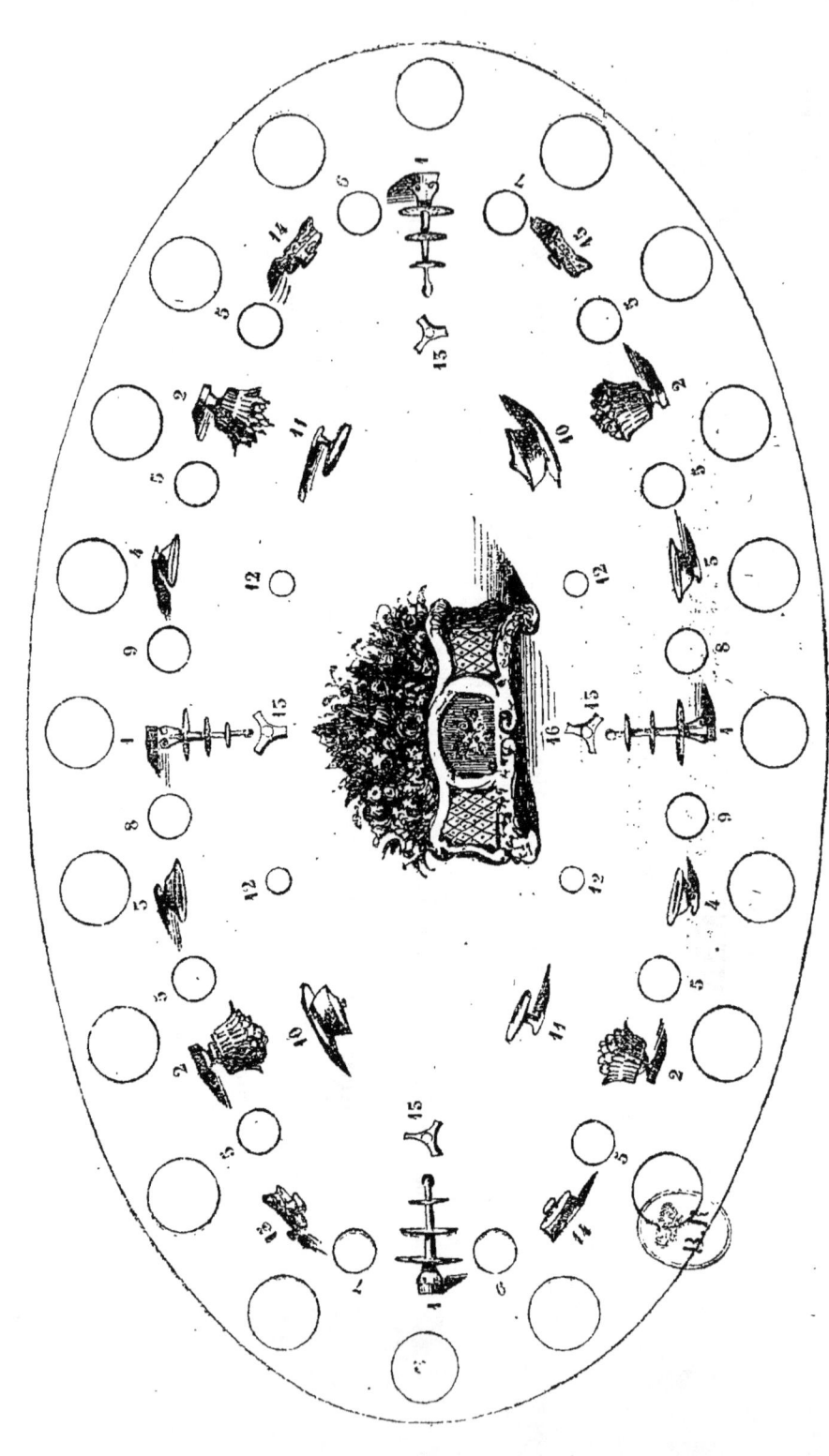

MENU D'UN DESSERT DE PRINTEMPS

POUR UNE TABLE DE 20 COUVERTS.

16. Pour le milieu de la table : Une corbeille garnie de fleurs.

1. Quatre assiettes montées, garnies de pastilles, dragées, caramels et autres bonbons.
2. Quatre corbeilles garnies de pommes, poires et oranges.

QUATRE COMPOTES.

3. Une de fraises.
3. Une de cerises.
4. Une d'abricots verts.
4. Une de poires.
5. Huit assiettes garnies de petit-four assorti.

HUIT ASSIETTES GARNIES DE FRUITS FRAIS.

6. Deux de fraises.
7. Deux de cerises.
8. Deux d'abricots.
9. Deux de poires.
10. Deux sucriers.
11. Deux fromages à la crème.
12. Quatre flambeaux.
13. Quatre candélabres.

QUATRE TAMBOURS.

14. Deux garnis de tourons d'Espagne.
15. Deux garnis de gâteaux d'angélique et à la fleur d'oranger.

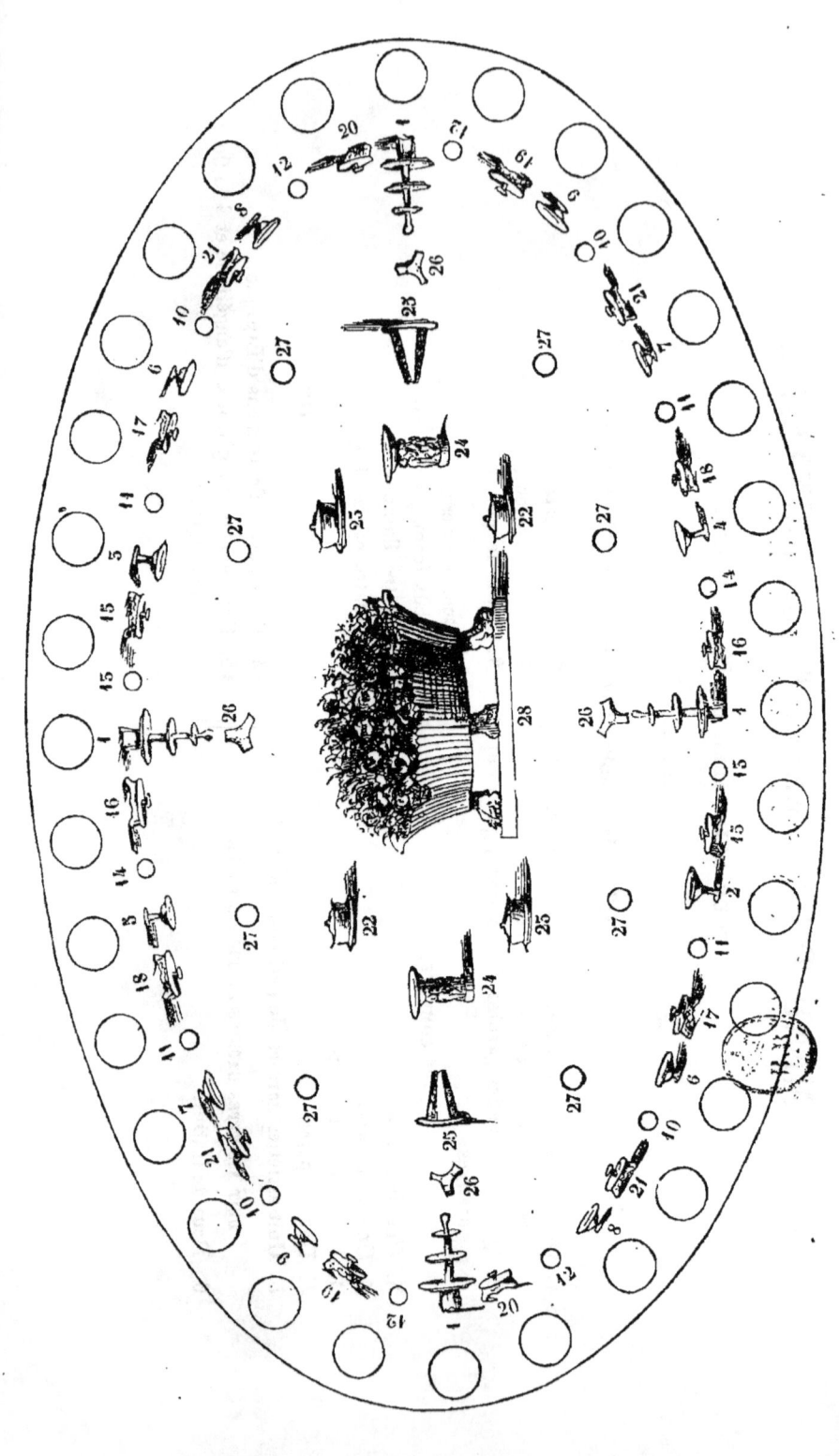

MENU D'UN DESSERT D'ÉTÉ

POUR UNE TABLE DE 32 COUVERTS.

28. Pour le milieu de la table : Un surtout, ou dormant, garni d'une corbeille de fleurs fraîches de la saison, ou artificielles, et groupes de figures.

1. Quatre assiettes montées, garnies de bonbons assortis.

   Douze compotes, savoir :
2. Une de fraises.
3. Une de groseille.
4. Une de framboise.
5. Une de verjus.
6. Deux de poires de rousselet.
7. Deux de pommes.
8. Deux d'ananas.
9. Deux d'oranges.

SEIZE ASSIETTES GARNIES DE FRUITS CRUS, SAVOIR :

10. Quatre assiettes garnies de cerises.
11. Quatre garnies d'abricots.
12. Quatre garnies de pêches.
13. Deux garnies de prunes de reine-Claude.
14. Deux de prunes de perdrigon.

SEIZE TAMBOURS GARNIS DE PETIT-FOUR ET AUTRES SUCRERIES.

15. Deux garnis de biscuits à la cuiller.
16. Deux garnis de biscuits provençaux.
17. Deux garnis de macarons au chocolat.
18. Deux garnis de massepains à la duchesse.
19. Deux garnis de petits soufflés d'Afrique.
20. Deux garnis de tourons d'Espagne.
21. Quatre garnis de petits baisers, meringues à la belle vue, et petites guirlandes printanières, le tout mêlé.

QUATRE FROMAGES A LA CRÈME.

22. Deux de crème fouettée à la vanille.
23. Deux à la crème non fouettée.
24. Deux sucriers.
25. Deux fromages glacés.
26. Quatre candélabres.
27. Huit flambeaux.

25.

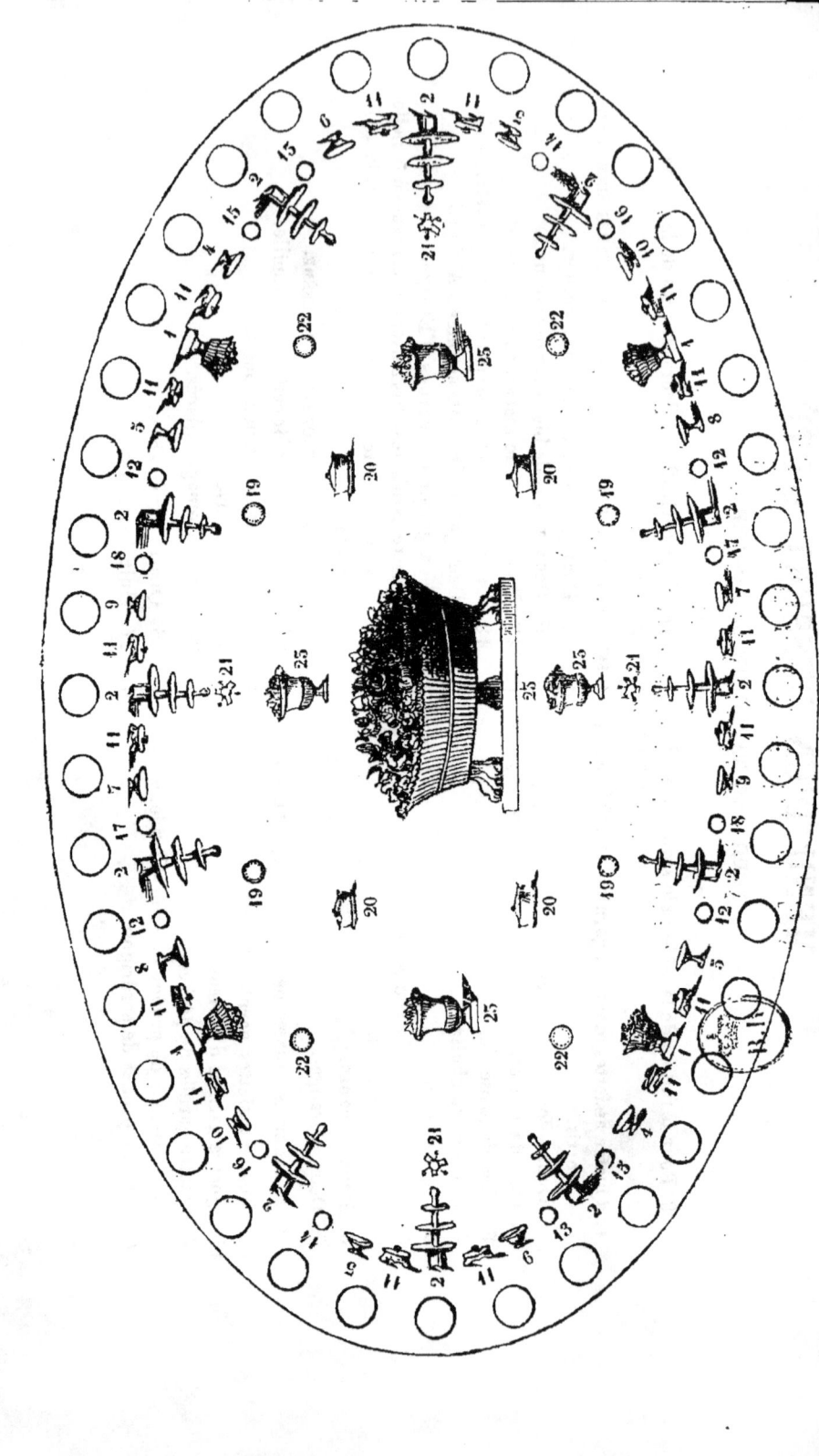

MENU D'UN DESSERT D'AUTOMNE

POUR UNE TABLE DE 40 COUVERTS.

23. Pour le milieu de la table : Un surtout, ou dormant, garni d'un vase de fleurs et groupe de figures, ou candélabres. (Voyez *Surtout*, page 262 de cet ouvrage.)

1. Quatre corbeilles garnies de raisin, poires, pommes, grenades et ananas.
2. Douze assiettes montées garnies de pralines, pastilles, caramels et dragées.

SEIZE COMPOTES.

3. Deux de poires de bon-chrétien.
4. Deux de coings à la cardinale.
5. Deux d'ananas.
6. Deux de grenades.
7. Deux de marrons.
8. Deux d'oranges.
9. Deux de verjus.
10. Deux de pommes à la portugaise.
11. Seize tambours garnis de petit-four assorti.

HUIT ASSIETTES DE FRUITS CRUS.

12. Quatre de pêches.
13. Deux de prunes.
14. Deux d'azeroles.

HUIT ASSIETTES DE FRUITS CANDIS.

15. Deux de figues.
16. Deux d'amandes vertes.
17. Deux d'oranges de Chine.
18. Deux de reine-Claude.
19. Quatre fromages à la crème, dont deux fouettés et parfumés à la fleur d'orange.
20. Quatre sucriers, dont deux garnis de sucre en poudre, parfumé de vanille et de cédrat.
21. Quatre candélabres.
22. Quatre flambeaux.

TABLE DES SAISONS

Où l'on doit se procurer les fruits, les fleurs et les racines pour faire des confitures, des gelées, des pâtes, des marmelades, des liqueurs, des eaux odoriférantes, des sirops et des conserves pour toute l'année.

NOMS DES FRUITS ET FLEURS.	ÉPOQUES.
Racines de guimauve	Vers la fin de mars.
Racines d'iris	Idem.
Violettes cultivées	Depuis le 1er avril jusqu'à la fin.
Absinthe majeure et mineure	Depuis le 1er mai jusqu'à la fin.
Amandes vertes	Depuis le 15 mai jusqu'à la fin.
Abricots verts	Idem. Idem.
Roses pâles	Depuis le 1er juin jusqu'au 15.
Angélique	Depuis le 1er juin jusqu'à la fin.
Roses muscades	A la fin de juin.
Fleurs d'oranger	Idem.
Noix vertes	Depuis le 1er juillet jusqu'au 15.
Cerises	Depuis le 1er juillet jusqu'au 15.
Groseilles	Idem. Idem.
Cassis	Idem. Idem.
Cerises noires	Fin de juillet.
Mûres	Idem.
Abricots pêches de plein vent	A la fin de juillet.
Prunes de reine-Claude	Depuis le 15 août jusqu'à la fin.
Prunes de perdrigon	Idem. Idem.
Prunes de mirabelle	Idem. Idem.
Poires de rousselet d'été	Idem. Idem.
Poires de blanquette	Idem. Idem.
Figues	Fin d'août.
Verjus	Depuis le 1er septembre jusqu'au 15.
Pêches grosse-mignonne	Depuis le 1er septembre jusqu'au 15.
Capillaire	Depuis le 1er septembre jusqu'au 15.
Epine-vinette	Depuis le 15 septembre jusqu'à la fin.
Poires de bergamote	Depuis le 1er octobre jusqu'au 15.
Coings	Idem. Idem.
Rousselet d'automne	Depuis le 1er octobre jusqu'à la fin.
Pommes de reinette	Depuis le 15 octobre jusqu'à la fin.
Grenades	Idem. Idem.
Oranges de Chine	Depuis le 1er novembre jusqu'au 15.
Cédrats	Depuis le 1er décembre jusqu'à la fin.
Citrons	Idem. Idem.
Oranges	Idem. Idem.

MENUS DE BALS ET SOIRÉES.

Premier Menu

Pour une Soirée de 25 personnes.

LIQUEURS FRAÎCHES.

Une bouteille de sirop d'orgeat (1).
Une bouteille de sirop de groseille.
Une livre de sucre raffiné (2).
Entremets de pâtisserie et de petit-four, savoir :
Deux douzaines de petits gâteaux d'entremets et de pâtisseries mêlés ;
Une livre et demie de petit-four assorti.

GLACES.

Cinquante demi-glaces panachées et moulées.
Deux douzaines de gaufres à l'italienne.

PUNCH.

Deux bouteilles de punch préparé de la manière indiquée dans cet ouvrage, page 71.

---

(1) On mêle chaque bouteille de sirop d'orgeat, ainsi que de groseilles avec quatre fois autant d'eau, c'est-à-dire que l'on mêle avec quatre bouteilles d'eau filtrée de la même grandeur que celles du sirop. Si la liqueur n'était pas assez sucrée, on diminuerait la quantité d'eau.

(2) Ce sucre se fait fondre dans deux litres et demi d'eau filtrée à froid, et un demi-gros d'eau de fleur d'orange, pour verser ensuite dans des verres à rafraichissements.

BAVAROISES AU CHOCOLAT.

Deux pintes de lait (1).
Trois quarts de livre de chocolat (2).
Une demi-livre de sucre raffiné (3).
Deux douzaines de petites flûtes au beurre.

Lorsque ces rafraîchissements ont été préparés, on verse des liqueurs fraîches dans quinze à dix-huit verres à rafraîchissements qu'on remplit à moitié et qu'on range sur un plateau, et aussitôt après la première ou la seconde contredanse, une personne de service passe ce plateau dans le salon, en s'adressant premièrement aux dames, tandis qu'une autre présente des gâteaux qu'on aura dressés sur des assiettes, entremêlés et posés sur un plateau, afin que les invités puissent en choisir à leur fantaisie; une troisième personne doit passer avec un plateau vide pour ramasser les verres vides (4).

Au milieu de la soirée, on sert la moitié des glaces et les gaufres; on les dresse sur des coquilles qu'on a placées sur un plateau, et on les passe ensuite dans le salon, en s'adressant toujours aux dames, tandis qu'un autre domestique présente des gaufres et du petit-four; un troisième dessert les coquilles; en même temps on peut passer aussi un plateau de liqueurs fraîches. Vers minuit, on sert le restant des glaces, les gaufres et du petit-four, de même que les précédentes; et de minuit à deux heures, on sert le punch chaud, et les bavaroises bouillantes aux dames avec les petites flûtes au beurre.

C'est ainsi qu'on sert dans une maison bien réglée, où il n'y a point de souper à la fin du bal; ensuite on peut augmenter tous ces rafraîchissements, pâtisseries et petit-four, comme on peut les restreindre; il en est de même pour tous les menus suivants.

---

(1) Mesurées à la grande pinte.
(2) Ce chocolat doit être râpé. On le fait fondre ensuite dans les deux pintes de lait bouillant, comme il est dit aux bavaroises au chocolat. (Voir cet article.)
(3) Dans ce cas on fait fondre ce sucre dans les deux pintes de lait avec le chocolat.
(4) Les liqueurs fraîches se passent après chaque contredanse, ainsi que les gâteaux, tant que le bal continue.

Deuxième Menu

Pour une Soirée dansante de 25 personnes.

LIQUEURS FRAÎCHES.

Une bouteille de sirop d'orgeat.
Une bouteille de sirop de groseillé.
Quatre carafes d'orangeade, préparées de la manière enseignée à la page 68.

PATISSERIE ET PETIT-FOUR.

Deux douzaines de petits gâteaux d'entremets de pâtisserie mêlés.
Une moyenne brioche qu'on coupe par morceaux.
Deux livres de petit-four assorti.

LIQUEURS SPIRITUEUSES.

Deux bouteilles de punch préparée de la manières enseignée page 71 de cet ouvrage.

GLACES ET SORBETS.

Cinquante demi-glaces panachées et moulées.
Deux pintes de punch à la romaine glacé.
Trois douzaines de gaufres à l'italienne.

POTAGES.

Huit potages au vermicelle.
Huit consommés.
Huit potages de riz au lait.

On ne sert le punch à la romaine que lorsque toutes les demi-glaces moulées sont servies.
On sert les potages vers la fin de la soirée.
Le reste doit être servi de même que pour le premier menu, dont on vient de parler.

Troisième Menu

Pour une Soirée de 50 personnes.

LIQUEURS FRAÎCHES.

Deux bouteilles de sirop d'orgeat.
Deux bouteilles de sirop de framboises.
Une livre et demie de sucre raffiné.

PATISSERIE ET PETIT-FOUR.

Quatre douzaines de petits gâteaux d'entremets de pâtisserie.
Un moyen baba, qu'on coupera par morceaux.
Deux livres de petit-four assorti.

GLACES.

Cent demi-glaces panachées et moulées.
Trois douzaines de gaufres à l'italienne.

LIQUEURS SPIRITUEUSES.

Trois bouteilles de punch préparé de la manière enseignée page 71 de cet ouvrage.

BAVAROISES AU LAIT.

Deux pintes de lait (1), dans lequel on fera fondre douze onces de sucre blanc, ou bien on y ajoutera une demi-bouteille de sirop et un peu d'eau de fleur d'oranger, et on versera ensuite dans les verres pour les servir bien chaudes.
Trois douzaines de petites flûtes au beurre.

Tous ces rafraîchissements doivent être préparés et servis avec le même ordre que ceux du premier menu. (Voyez 275.)

(1) Mesurées à la grande pinte.

Quatrième Menu

Pour un Bal de 50 personnes.

LIQUEURS FRAICHES.

Quatre carafes d'orgeat.
Quatre carafes de groseilles.
Quatre carafes de limonade.
Quatre carafes d'orangeade.

PATISSERIE ET PETIT-FOUR.

Cinq douzaines de petits gâteaux d'entremets de pâtisserie assortie.
Deux livres de petit-four assorti.

GLACES ET SORBETS.

Cinquante demi-glaces moulées.
Cinquante biscuits glacés.
Trois pintes de sorbets au café, préparés comme il est dit page 50.
Cinq douzaines de gaufres à l'italienne.

LIQUEURS SPIRITUEUSES.

Vin chaud, deux bouteilles } préparés de la manière enseignée
Punch chaud, deux bouteilles } page 75.

POTAGES ET BAVAROISES.

Dix consommés.
Dix potages au vermicelle.
Vingt bavaroises au lait, préparées, comme il est dit page 17.
Deux douzaines de petites brioches.

Les liqueurs fraiches doivent être préparées comme nous l'avons dit page 67 ; elles sont le premier service d'une soirée ; elles doivent toujours être servies à moitié du verre, on doit les entremêler, pour que les personnes puissent choisir à leur goût, et chaque plateau de liqueurs fraîches doit être suivi d'un plateau de petits gâteaux d'entremets de pâtisserie.

Les glaces sont le second service d'une soirée, et on commence premièrement par les demi-glaces moulées suivies de gaufres à l'italienne, ensuite on sert les biscuits glacés ; ces deux sortes de glaces étant passées, on procède après à la distribution des sorbets, qu'on sert dans des verres à pied propres à cet usage. On fait suivre chaque plateau de sorbets d'un plateau de petit-four assorti.

Ensuite vient le punch et le vin chaud, qui forment le troisième service et souvent le dernier d'une soirée. On les sert dans des petits verres à pied remplis aux deux tiers. On sert ces deux liqueurs en même temps l'une que l'autre, pour que les messieurs et les dames puissent choisir chacun à leur goût.

Les potages, consommés et bavaroises forment le quatrième et dernier service d'une soirée, lorsqu'il n'y a point de souper; mais quand il y en a un, les potages et les bavaroises sont supprimés, et le punch est servi en dernier, c'est-à-dire après le souper.

Quand on sert les bavaroises et les riz au lait, il faut toujours servir en même temps de petites flûtes au beurre ou de petites brioches.

Cinquième Menu

Pour une Soirée de 100 personnes.

LIQUEURS FRAÎCHES.

Trois bouteilles de sirop de groseille.
Deux bouteilles de sirop d'orgeat.
Une livre de sucre raffiné.

PATISSERIE ET PETIT-FOUR.

Cinq douzaines de petits gâteaux d'entremets de pâtisserie mêlés.
Trois livres de petit-four assorti.

GLACES.

Cinquante demi-glaces panachées et moulées.
Cinquante biscuits glacés.
Cinq douzaines de gaufres à l'italienne.

LIQUEURS SPIRITUEUSES.

Deux bouteilles de vin chaud.
Deux bouteilles de punch; le tout préparé de la manière enseignée pages 74 et 75.

POTAGES ET BAVAROISES.

Vingt potages au riz au gras.
Vingt-cinq consommés.
Vingt-cinq bavaroises au lait ou au chocolat.
Une brioche coupée en petits morceaux, pour être servie en même temps que les bavaroises.

Tous ces rafraîchissements doivent être préparés et servis comme aux premier et quatrième menus.

Sixième Menu

Pour un Bal de 100 personnes.

LIQUEURS FRAÎCHES.

Huit carafes d'orgeat.
Huit carafes de groseille.
Huit carafes d'eau de fraises.
Huit carafes d'orangeade.

PATISSERIE ET PETIT-FOUR.

Cinq douzaines de petits gâteaux d'entremets de pâtisserie.
Un baba coupé par morceaux.
Une brioche coupée par morceaux
Deux livres de sandwichs.
Trois livres de petit-four.

GLACES ET SORBETS.

Cinquante demi-glaces panachées et moulées.
Cinquante biscuits glacés.
Cinq pintes de sorbets à la fraise.
Cinq douzaines de gaufres à l'italienne.

LIQUEURS SPIRITUEUSES.

Trois bouteilles de punch.
Trois bouteilles de vin chaud.

POTAGES ET CONSOMMÉS.

Vingt-cinq consommés.
Vingt-cinq potages au vermicelle au gras.
Vingt potages de riz au lait.

Pour la distribution du service, voyez le premier et le quatrième menu. (Pour les liqueurs fraîches, voyez page 67.)

MENUS DE BALS ET SOIRÉES.

Septième Menu

Pour une Soirée dansante de 200 personnes.

LIQUEURS FRAÎCHES.

Trois bouteilles de sirop d'orgeat.
Trois bouteilles de sirop de groseille.
Huit carafes de limonade.

PATISSERIE ET PETIT-FOUR.

Six douzaines de petits gâteaux d'entremets de pâtisserie.
Un baba coupé en morceaux.
Quatre livres de petit-four assorti.

GLACES ET SORBETS.

Cent demi-glaces panachées et moulées.
Cinquante biscuits glacés.
Quatre pintes de punch à la romaine.
Six douzaines de gaufres à l'italienne.

LIQUEURS SPIRITUEUSES.

Six bouteilles de punch.
Six bouteilles de vin chaud.

POTAGES ET BAVAROISES.

Vingt-cinq consommés.
Quinze potages au vermicelle.
Quinze potages de riz au lait.
Vingt bavaroises au chocolat.
Quatre douzaines de petites flûtes au beurre.

Pour la distribution du service, voyez le premier et le quatrième menu, et page 67, pour les liqueurs fraîches.

Huitième Menu

Pour un Bal de 200 personnes.

LIQUEURS FRAÎCHES.

Huit carafes d'orgeat.
Huit carafes de groseille.
Huit carafes d'orangeade.
Huit carafes de limonade.
Huit carafes d'eau de cerises.

PATISSERIE ET PETIT-FOUR.

Cent petits gâteaux d'entremets de pâtisserie mêlés.
Un baba coupé en petits morceaux.
Une grosse brioche coupée en morceaux.
Cinq livres de petit-four assorti.
Quatre livres de sandwichs, dont moitié au jambon et moitié de langue fumée.

GLACES, SORBETS ET GRAMOLATES.

Cent demi-glaces moulées et panachées.
Cinquante biscuits glacés.
Cinquante gramolates (quatre pintes).
Cinquante sorbets au parfait amour (quatre pintes et demie).
Cinq douzaines de gaufres à l'italienne.

LIQUEURS SPIRITUEUSES.

Huit bouteilles de punch.
Cinq bouteilles de punch à l'anglaise.

POTAGES ET BAVAROISES.

Vingt consommés.
Vingt potages au vermicelle au gras.

Vingt potages de riz au lait.
Trente bavaroises, dont moitié au lait et l'autre au chocolat.
Quatre douzaines de petites flûtes au beurre.

Les gramolates se servent avant et après les demi-glaces moulées et avant les sorbets, et sont toujours suivies de petit-four.
Les sandwichs se servent vers la fin. Du reste, voyez ce qu'il est dit à la suite du premier et du quatrième menu de cet ouvrage.
Pour la préparation des liqueurs fraîches, voyez page 67.

TABLE DES MATIÈRES.

AVANT-PROPOS..................................Pages. v
CONSTRUCTION D'UNE GLACIÈRE DANS UNE CAVE........ ix

DU CAFÉ, DU CHOCOLAT ET DES BAVAROISES.

	Pages.		Pages.
Torréfaction du café............	2	CHOCOLAT à la crème........	6
CAFE EN BOISSON. Manière de le préparer suivant la méthode des limonadiers....	3	BAVAROISES à l'eau..........	6
		— au lait..........	7
		— au lait d'amande.	7
— Méthode hollandaise pour le préparer................	5	— à l'italienne......	7
		— mexicaines......	7
CHOCOLAT. Manière de le préparer................	6	— au chocolat......	7
— à l'eau............	6	— Autre recette....	8

DU SUCRE ET DE SES CUISSONS.

De l'emploi du pèse-sirop......	9	SUCRE au petit et grand perlé.	12
DU SUCRE. Choix pour l'office.	10	— à la petite et grande queue de cochon..	13
— Clarification........	10		
— Autre méthode plus économique.......	11	— au soufflé, à la petite plume et au petit boulé..........	13
— Manière de le clarifier et de lui donner le degré du grand lissé, dès qu'il est écumé.....	12	— à la grande plume et au grand boulé.....	14
CUISSON DU SUCRE, au petit et grand lissé................	12	— au cassé..........	14
		— au caramel........	14

DES COULEURS.

COULEUR ROUGE, cochenille préparée.....	15	COULEUR jaune	15
— bleue..........	15	— verte	16

DES GLACES.

Observations sur la congélation des glaces, sorbets et gramolates..	17	GLACES à l'ananas..........	25
		— à la groseille........	26
CONGÉLATION des glaces......	20	— à la framboise.......	26
— des glaces et des fromages moulés..........	22	— à la fraise..........	26
		— au cassis..........	27
Glaces au citron...............	23	— à la merise.........	27
Observations sur les citrons.....	24	— à la cerise..........	27
GLACES au cédrat............	24	— aux abricots........	27
— à l'orange de Malte...	25	— aux pêches..........	28
— — de Portugal.	25	— à la bigarade.......	28

25

TABLE

	Pages.		Pages.
GLACES au melon............	28	GLACES à la tubéreuse......	33
— à l'ananas composées.	29	— à la violette........	33
— au pur moka......	29	— au jasmin..........	33
— Autre procédé......	29	— au thé.............	34
— aux dix fruits........	30	— à la vanille..........	34
— à la grenade	30	— au zéphyr..........	34
— au raisin muscat composées............	31	— aux prunes de reine-Claude............	35
— au raisin muscat.....	31	— aux amandes........	35
— au verjus.....	31	— au café à l'eau......	35
— à l'épine-vinette.....	31	— au café blanc........	36
— de poires...........	32	— au chocolat blanc....	36

DES GLACES A LA CRÈME.

GLACES à la crème de vanille..	38	GLACES aux amandes brûlées..	43
— de crème blanche ou crème légère......	38	— — pralinées.	43
		— à la violette........	43
— à la crème et au beurre.	39	— à la rose...........	44
— Autre recette.......	39	— au jasmin..........	44
— de crème à la portugaise...............	40	— aux pistaches.......	44
		— à l'italienne........	45
— à l'anglaise........	40	— de café à la crème...	45
— de macarons et de nougat..............	41	— Autre recette........	46
		— de chocolat à la crème.	46
— aux amandes........	41	— Autre recette........	46
— au thé............	42	— de crème aux noyaux.	46
— au café moka.......	42	— à la crème de Venus...	47
— à la cannelle.......	42	— de crème suave......	47
— à la parisienne......	43	— — au marasquin..	48

DES SORBETS, BISCHOFF ET PUNCH GLACÉS.

Congélation des sorbets........	49	SORBETS de jasmin..........	52
SORBETS de café.............	50	— à la fraise..........	52
— de parfait amour...	50	— au vin de Malaga....	53
— au kirsch-wasser....	51	Bischoff glacé...............	53
— de marasquin.......	51	Punch à la romaine ou punch spungato..................	54
— à la rose...........	52		

DES LIQUEURS GLACÉES.

Des gramolates................	55	GRAMOLATES à la fraise......	56
GRAMOLATES au citron......	56	— à la merise..........	57
— à l'orange	56	— à la pêche..........	57
— à la groseille........	56	— aux amandes........	57

DES BISCUITS GLACÉS.

Manière de faire glacer les biscuits.	59	BISCUITS à la rose..........	62
BISCUITS GLACÉS à la vanille.	59	— au chocolat.........	62
— Autre procédé......	61	— au café............	62
— au marasquin.......	61		

DES MOUSSES.

	Pages.		Pages.
MOUSSE à la vanille	63	MANIÈRE de frapper les carafes d'eau	65
— au chocolat	64		
— au café	64	— une bouteille de champagne	65
— au parfait amour	64		

DE LA LIMONADE ET DE L'ORANGEADE.

LIMONADE	67	EAU de groseilles	69
— cuite	68	— de cerises	69
— au vin	68	— de fraises	69
Orangeade	68	Orgeat	70

DU THÉ, DU PUNCH ET DU BISCHOFF CHAUDS.

Infusion de thé	71	PUNCH au vin ou vin chaud	73
PUNCH à la parisienne	71	Bischoff ou bishopp	73
— au rhum	71	PUNCH de dames pour bals et soirées	74
— à l'anglaise	72		
— autre punch à l'anglaise	72	— zabaion, ou punch à la romaine chaud	74
— aux œufs ou à la lyonnaise	72		

DES FRUITS FINS GLACÉS AU CARAMEL.

Quartiers d'oranges glacés au caramel	76	Marrons glacés au caramel	77

DES GATEAUX EN SUCRE SOUFFLÉ.

GATEAUX en sucre soufflé à la violette	78	GATEAUX de pistaches	79
— de fleurs d'oranger	78	— d'amandes	79
— de jasmin et à la rose	78	Amandes glacées à la royale	79
		Diablotins	80

PRALINAGE ET SUCRE CANDI.

Fleurs d'oranger pralinées	81	Sucre candi	83
Autre méthode	81	Violettes en bouquets	84
Amandes pralinées	82	Candi à la violette	84
Autre méthode	83	Sucre en tortillons	85

DU PETIT FOUR.

GLACE ROYALE	86	BISCUITS soufflés	90
— au chocolat	86	— aux pistaches	90
BISCUITS de Savoie	87	— à la vénitienne	90
— a la cuiller ordinaires	88	— à la Saint-Cloud	91
— à la cuiller au chocolat	89	— à la générale	92
— à la crème	89	— provençaux	92
— Autre manière	89	— de marrons	93

DES MACARONS ET DES MASSEPAINS.

	Pages.		Pages.
MACARONS de Hollande	95	MASSEPAINS au chocolat	97
— soufflés	95	— à la portugaise	98
— de Berlin	96	— orientaux	98
MASSEPAINS à la duchesse	96	— de pistaches	99

PETITS SOUFFLÉS ET IMITATION DE FRUITS.

PETITS soufflés d'Afrique	100	IMITATION du raisin	102
— à la sicilienne	100	— des abricots, prunes,	
— à l'anglaise	101	pêches et pommes.	103
Petites guirlandes printanières	102		

DES GAUFRES, CROQUANTS, TOURONS ET MERINGUES.

GAUFRES à l'italienne	105	CROQUANTS à la diable	107
— à la portugaise	106	Pâte d'amandes croquante	107
Pâte à la Bavière	106	Tourons d'Espagne	108
CROQUANTS du Nord	106	Meringues à la Bellevue	109

MATIÈRES COLLÉES POUR LA PRÉPARATION DES GELÉES, BLANCS-MANGERS ET AUTRES.

De la préparation de la colle de poisson et de la gélatine	110	COLLE aux pieds de veau	111
COLLE de couenne de porc	111	— de corne de cerf	112

DES GELÉES POUR ENTREMETS.

GELÉES d'orange	114	Autre manière	120
— au citron fouettée	115	Gelée de fraises	120
— d'ananas	115	Charlotte à la jardinière	121
— de marasquin	116	GELÉE d'abricots	121
— de rhum	117	— de pêches	122
Oranges à la sicilienne	117	Fromage bavarois	122
GELÉE au vin de Malaga	118	Blanc-manger renversé	123
— de café	119	Charlotte russe	124
— de groseilles	119		

DES CRÈMES POUR ENTREMETS.

CRÈME fouettée	125	CRÈME meringuée	130
— fouettée au café	125	— à l'italienne	130
— fouettée au chocolat	126	— en rocher	131
— fouettée aux liqueurs	126	— de biscuits ou soupe à l'italienne	132
— à la vanille renversée froide	127	— à la napolitaine	132
— chaude	127	— plombière	133
— au chocolat	128	Observations sur la cuisson des crèmes	134
— panachée	129		

DES MATIÈRES.

DES COMPOTES.

	Pages.			Pages.
Compotes de pommes à la portugaise..	135	COMPOTE	de coings..........	144
Pommes à la portugaise, autre procédé..	136	—	de coings à la cardinale.	145
		—	de cerises..........	146
Compotes de pommes de reinette au blanc...	137	—	de framboises.......	146
		—	de groseilles........	147
Pommes de reinette farcies à la gelée...	137	—	de fraises..........	147
		—	Autre manière.......	148
POMMES au beurre...........	138	—	de pêches..........	148
— meringuées..........	139	—	Autre manière.......	149
Charlotte de pommes.........	140	—	d'abricots..........	149
COMPOTE de poires d'été et d'automne...	141	—	Autre manière.......	150
		—	d'abricots verts......	150
— de poires de bon-chrétien...	142	—	d'amandes vertes....	151
		—	d'oranges..........	151
— de poires de cotillard ou compote à la cardinale...	142	—	de citrons..........	152
		—	de reine-Claude......	153
		—	de verjus...........	153
		—	de marrons..........	154
— Autre manière.......	144	—	Autre manière.......	155

DES MARMELADES.

MARMELADES d'abricots.......	156	MARMELADES	de framboises....	160
— Autre manière.......	157	—	de verjus.........	161
— de prunes de reine-Claude..........	157	—	de citrons.........	161
		—	de poires..........	163
— de mirabelles.......	157	—	Autre procédé......	163
— de pêches..........	158	—	de pommes........	164
— de coings..........	158	—	de violettes........	164
— Autre manière.......	159	—	de fleurs d'oranger.	165
— de cerises..........	159			

DES GELÉES.

GELÉE de groseilles...........	167	GELÉE	d'épine-vinette.......	169
— de cerises..........	168	—	d'azeroles...........	170
— Autre manière.......	168	—	de coings...........	170
— de cassis..........	169	—	blanche de pommes..	171

DES CONFITURES.

Groseilles confites en grappes, ou gelée de Bar..............	173	Abricots confits au sucre.......	180
		Poires de rousselet, de blanquette et de muscat confites au sucre.	181
Confitures de cerises..........	173	Confitures de coings............	182
Prunes de reine-Claude confites au sucre..............	174	Oranges confites au sucre.......	182
		Citrons confits au sucre........	183
Mirabelles confites au sucre....	175	Cédrats confits au sucre........	185
Prunes de perdrigon confites au sucre..............	176	Oranges de Chine confites au sucre.	185
		Tiges d'angélique confites.......	186
Pêches confites au sucre.......	176	Noix vertes confites au sucre....	187
Marrons confits au liquide......	177	Des fruits confits au sec.......	188
Des figues confites au liquide...	178		
Gingembre confit au sucre.....	179		

TABLE

DES FRUITS A L'EAU-DE-VIE.

	Pages.		Pages.
Cerises à l'eau-de-vie	189	Pêches à l'eau-de-vie	192
Prunes de reine-Claude à l'eau-de-vie	189	Poires à l'eau-de-vie	193
		Oranges à l'eau-de-vie	194
Mirabelles à l'eau-de-vie	191	Manière de mettre à l'eau-de-vie	
Abricots à l'eau-de-vie	192	les fruits confits au sucre	194

DES PATES DE FRUITS.

PATE d'abricots	195	PATE de prunes de reine-Claude	198
— de pommes	196			
— de coings	196	— de mirabelles	198
— de pêches	197	— de marrons	198
— de groseilles framboisées	197		

DES SIROPS.

SIROP de groseilles framboisées	200	SIROP de guimauve	205
		— de pommes	205
— de cerises	201	— de coings	207
— de merises	201	— d'orgeat	207
— de grenades	201	Autre manière de préparer le même sirop	208
— d'épine-vinette	202		
— de cassis	202	— de vinaigre framboisé	209
— de violettes	203	— de limon ou de citron	210
— de fleurs d'oranger	204		
— de capillaire	204	— de punch	210

DE LA DISTILLATION.

Manière de distiller l'esprit-de-vin	212	ESPRIT de cannelle de Ceylan	215
Rectification de l'esprit-de-vin	213	Manière de convertir les esprits-de-vin en liqueur de table	215
ESPRIT DE FLEUR D'ORANGE	214		
— de roses	214		

DES CRÈMES.

CREME de café moka	216	EAU d'or	218
— d'absinthe	216	— d'argent	219
— de caraque	217	— de fleur d'oranger simple et double	219
— de Venus	217		
Parfait amour	218		

DES RATAFIAS.

RATAFIA de groseilles	221	Marasquin de Zara	226
— de cerises	221	Scubac	227
— de cassis	222	Vin d'absinthe	227
— de mures	222	Anisette de Bordeaux	228
— des quatre fruits	223	Rossolis par infusion	228
— de genièvre	224	Huile de Jupiter	229
— de fleurs d'oranger	224	CREME de kirsch-wasser	229
— d'oranges de Portugal	224	— de vanille	230
— de noyaux	225	Curaçao de Hollande	230
— de Grenoble	225		

DES MATIÈRES.

DES CONSERVES.

	Pages.
CONSERVE de groseilles troubles pour les glaces et autres préparations	232
— de groseilles claires pour liqueurs fraîches	233
Manière de conserver l'ananas	234
Autre manière de conserver l'ananas	234
Manière de conserver les abricots en bouteilles	235
Autre manière de conserver les abricots en bouteilles	235
CONSERVE de pêches en bouteilles	235
— de prunes de reine-Claude en bouteilles	236
Autre manière de conserver les reines-Claude en bouteilles	237
Prunes de mirabelle conservées en bouteilles	238
Groseilles conservées en bouteilles	238
Autre manière de conserver les groseilles en bouteilles	238
Cerises conservées en bouteilles	239
Framboises conservées en bouteilles	239
Poires de beurré, de rousselet et de blanquette conservées en bouteilles	239
Autre manière de conserver les poires en bouteilles	240
Coings conservés en bouteilles	240
Marrons conservés en bouteilles	240
Conserve de jus de citron	241

DES FRUITS.

	Pages.
Des fraises	242
Des framboises	242
Des groseilles	243
Des cerises griottes et bigarreaux	243
Des abricots	244
Des amandes vertes	245
Des prunes de reine-Claude et autres	245
Des pêches	246
DES POIRES d'été	248
— d'automne	251
— d'hiver	253
Du raisin	254
Des pommes	255
De la figue	257
Du melon	257

MENUS DE DESSERTS.

Explication des ustensiles	261
Surtout	263
MENU d'un dessert d'hiver	264
MENU d'un dessert de printemps	266
— d'un dessert d'été	268
— d'un dessert d'automne	270

TABLE DES SAISONS OU L'ON DOIT SE PROCURER LES FRUITS POUR LES CONFITURES, ETC. 272

MENUS DE BALS ET SOIRÉES.

1er MENU pour une soirée de 25 personnes	273
2e — pour une soirée de 25 personnes	275
3e — pour une soirée de 50 personnes	276
4e — pour un bal de 50 personnes	277
5e MENU pour une soirée de 100 personnes	279
6e — pour un bal de 100 personnes	280
7e — pour une soirée de 200 personnes	281
8e — pour un bal de 200 personnes	282

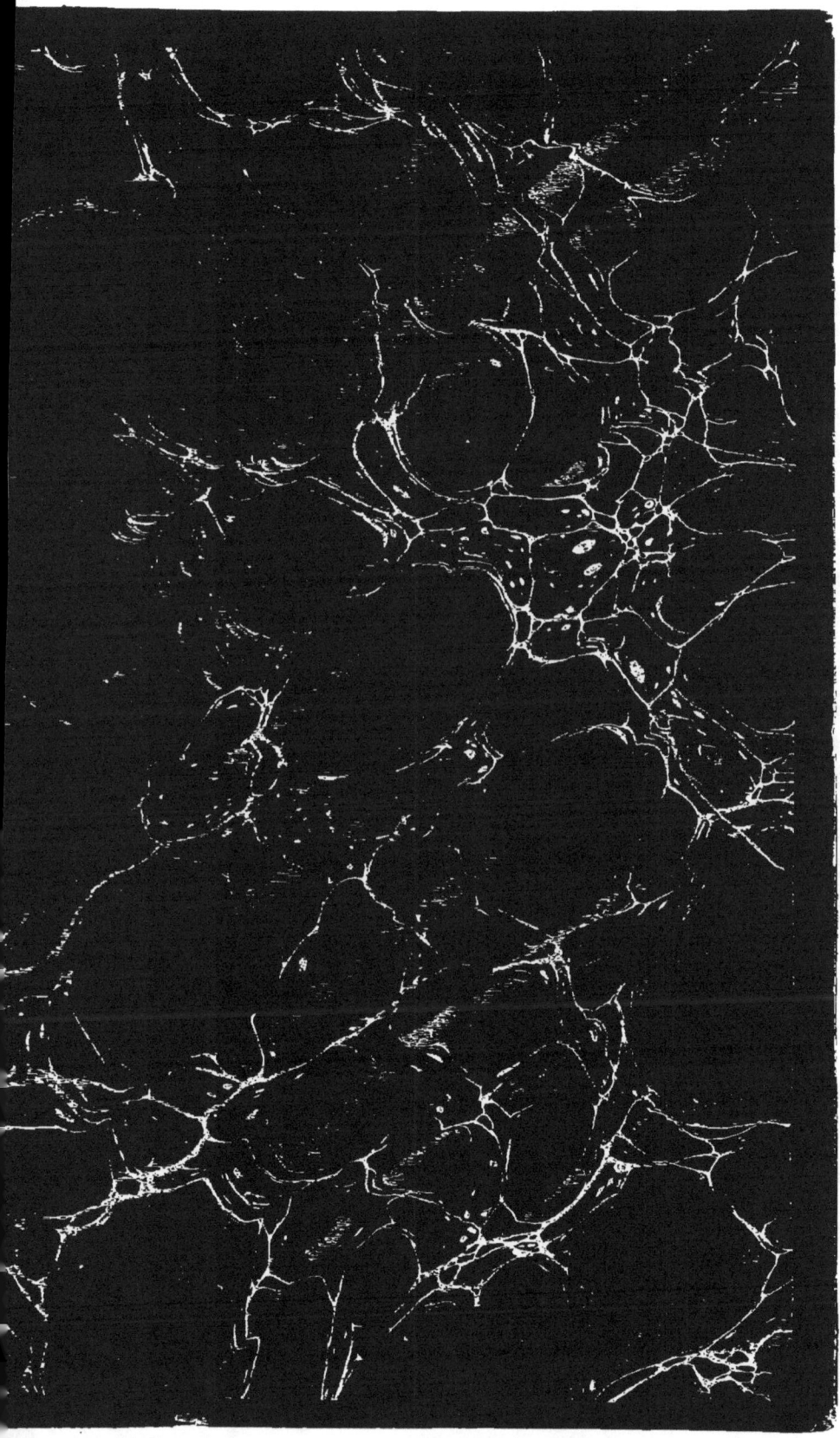

www.ingramcontent.com/pod-product-compliance
Lightning Source LLC
Chambersburg PA
CBHW071337150426
43191CB00007B/768